Barbara Schweder • Frauen fühlen anders. Männer auch.

W0075874

Barbara Schweder

Frauen fühlen anders.
Männer auch.

Orac

www.kremayr-scheriau.at

ISBN 978-3-7015-0547-0

Copyright © 2012 by Orac/Verlag Kremayr & Scheriau KG, Wien

Alle Rechte vorbehalten

Schutzumschlaggestaltung: Kurt Hamtil, Wien

unter Verwendung eines Fotos von fotolia.com/ITALIA12

Satz und typografische Gestaltung: Sophie Gudenus

Druck und Bindung: Druckerei Theiss GmbH, St. Stefan i. Lavanttal

Für Markus, mit Leib und Seele, Herz und Hirn

INHALT

Gefühle und Geschlecht

Tarzan und Jane

Der wüste Urmensch bringt sein Gesicht ganz nah an das der schönen, jungen Frau. Man sieht ihm an, wie sehr er jeglicher Zivilisation entbehrt haben muss. Das Haar umsteht wild wie Gestrüpp sein kantiges, wettergegerbtes Gesicht. Zerfurcht von zahllosen Entbehrungen lässt die Haut keine Diagnose mehr über sein Alter zu. Der Mund, scharf umzeichnet, lässt kein Gefühl erkennen. Lediglich sein Blick, so durchdringend und unnahbar er auf die junge Frau gerichtet ist, die ihn angsterfüllt anstarrt, lässt doch auch etwas Weiches erahnen, berührt scheint er vom Anblick ihres schönen Gesichts, von ihrer Angst und ihrer Hilflosigkeit. Sie hält ganz still, um ihn nicht zu reizen, und starrt unverwandt zurück, die Augen geweitet in Furcht, aber auch bereits ahnend, dass von ihm keine unmittelbare Gefahr droht. Obwohl er so weit weg von alledem, was ihre Kultur und ihre Erziehung ausmacht, aufgewachsen sein muss, ist da dennoch der Funke einer tiefen Erkenntnis, einer Menschlichkeit, welche die ungeschlachte Wildheit mildert, ja besänftigt.

Als er eine Hand ausstreckt, um ihr Dekolleté zu berühren, das von alabasterner Blässe mitten im Dschungel so deplatziert erscheint, ergreift sie seine groben Pranken, die von hervortretenden Venen umrankt sind wie Pfosten einer alten Laube, und während sie seine Berührung abbremst und führt, sagt sie: „Jane." Er sieht verwundert auf die feinen weißen Finger und zarten Hände, die den seinen so ähnlich sind und doch wie aus einer anderen Welt erscheinen. Und während er nun seinerseits ihre Hand auf seine Brust legt, die von einem starken, ruhigen

Herzschlag gehoben und gesenkt wird, sagt er „Tarzan." Generationen bereits hat Edgar Rice Burroughs Geschichte von Tarzan[1], dem Dschungelmenschen, und Jane, der gebildeten und kultivieren Engländerin, in ihren Bann geschlagen, hat Filmemacher inzwischen 100-fach inspiriert, den Stoff immer wieder neu darzustellen. Was ist es, das uns Kinder der Zivilisation derart anzieht an dieser Begegnung von Jane und Tarzan? Ist es der Zauber der Zähmung des Unbändigen durch die zarte Hand der Zivilisation, sind es philosophische Überlegungen über das grundlegende Wesen des Menschen als des „edlen Wilden", der wahre Moral und Ethik angeboren in sich trägt, solange die Zivilisation ihn nicht vergiftet? Oder ist es der Reiz der Begegnung von Mann und Frau in all ihrer Widersprüchlichkeit? Die Befreiung von erziehungsbedingten Hemmschwellen, welche die gesellschaftliche Etikette vor allem der gebildeten Schichten einem Herrn abverlangt, hat dem wilden Dschungelmann daher einen naturbelassen Zustand der „Ur-Männlichkeit" bewahrt. Ihr hingegen hat das Raffinement ihrer englischen Erziehung einen Nimbus der Unberührbarkeit und äußerster Sittsamkeit beschert, der uns als Weiblichkeit in Reinkultur erscheint. Es ist der Stoff, aus dem die Märchen sind. Die Szene zeichnet ein Spannungsfeld zwischen den Geschlechtern, wie es intensiver nicht sein kann. Eine geniale Inszenierung der Prototypen Mann und Frau, ein Klischee freilich und biologisch gesehen eine Fiktion, aber mit einem sehr realen Hintergrund.

Männern und Frauen, so tief sie sich immer in die Augen blicken mögen und so berührend die Erkenntnis, sich zueinander hingezogen zu fühlen, auch sein mag, bleibt doch auch die vage Ahnung der Unvereinbarkeit, der Unüberbrückbarkeit von Unterschieden, einer emotionalen Kluft, die sie zeitlebens trennen wird. Dieses Spannungsfeld, das wir täglich an unseren Mitmenschen wie an uns selbst beobachten können, hat eine sehr tiefgreifende Ursache.

Es mag paradox erscheinen, aber gerade jener Antrieb, der Männer und Frauen häufig gegen jede Vernunft aufeinander zugehen lässt, ja sie drängt, einander zu suchen, zu finden und festzuhalten, gerade diese Herrschaft der Gefühle ist es, die Männer und Frauen ebenso unerbittlich trennen und zu erbarmungslosen Feinden machen kann. Vernunft hat, wenn überhaupt, nur einen verschwindend geringen Anteil an der Entscheidungsfindung. Wie ein Korken auf einer gewaltigen, dunklen Woge aus Emotionen hopst das Bewusstsein hilflos wie ein Reiter auf einem durchgehenden Pferd.

Homo sapiens?

So stolz wir sein mögen auf die Errungenschaften des Verstandes, die uns aus dem Sumpf der Instinkte und Triebe herausheben, aus dem Reich der Tiere empor in die klaren unbestechlichen und hehren Tempel der Vernunft, sie haben keine Macht über jenen Bereich unseres Innenlebens, der – allen Leugnern biologischer Einflüsse auf das Verhalten des Menschen zum Trotz – unregierbar und unbeirrbar unsere Handlungsweisen beeinflusst. Tief in unserem Inneren entstehen vorbewusste Handlungsmotivationen, die weit entfernt sein mögen von jeglicher rationaler Lebensplanung. Ein unheimliches Substrat usurpiert und regiert uns so unaufgefordert wie autonom und führt den stolzen Homo sapiens, den weisesten unter den Tieren, vor wie eine Marionette.

Gefühle entstehen auf höchst kompliziertem Wege als Potpourri von sehr basaler Grundinformation von Seiten der Körperchemie aus den Tiefen der Physis, welche einerseits überlagert wird vom Schatz der Erfahrung, andererseits mit diesem interagiert. Interpretiert und bewusst gemacht von rationalen Überlegungen wird hingegen nur ein geringer Prozentsatz dieser Abläufe, sodass es bei kritischer Betrachtung in der Tat so aussieht, als sei das Bewusstsein lediglich dazu verdammt, im Nachhinein zu rechtfertigen, warum wir gerade welchem Antrieb nachgegeben haben.[2]

Der Einfluss des bewussten und mehr oder weniger rationalen Denkens wirkt über Interpretationsmechanismen auf die Entstehung von Gefühlen – und zwar mit Hilfe eines ganzen Settings von erworbenen Erfahrungen, die im Laufe der Individualentwicklung gemacht wurden. Unser Großhirn hat die Eigenschaft, ähnliche Erfahrungen autonom (das heißt ohne Beteiligung des Bewusstseins) in Kategorien zusammenzufassen. Dies hat rein ökonomische Gründe, führt aber dazu, dass unaufgefordert immer wieder Erinnerungen an ähnliche Situationen auftauchen, die bei der Evaluierung einer neuen Situation nicht immer hilfreich sind. Suchrastern gleich stülpen sich frühere Erlebnisse über neue Situationen, um im Sinne der selbsterfüllenden Prophezeiungen Paul Watzlawicks im Positiven wie in Negativen Bestätigung zu finden.[3] Erinnerungsschablonen, einmal etabliert, erweisen sich zumeist als mehr oder weniger unkorrigierbar.

Über den Abruf von Erfahrungen können vernunftähnliche Überlegungen auch die Körperchemie beeinflussen und damit ein hochkomplexes Spannungsfeld zwischen bewussten Empfindungen und unbewussten Befindlichkeiten schaffen.

Aus zahlreichen Studien ist bekannt, dass die Befindlichkeit des Körpers großen Einfluss darauf hat, wie ein und dieselbe Situation bewertet wird. Das Warten in einem überheizten Raum erzeugt bei Versuchspersonen im Experiment zumeist eine negativere Einstellung gegenüber dem zu erwartenden Versuch als bei einer Vergleichsgruppe, die in einem wohltemperierten Raum der Dinge harren durfte. Wenn nun eine simple Unannehmlichkeit, wie eine nicht ideale Raumtemperierung, Einfluss hat auf unsere Bewertung aller anderen ankommenden Sinneswahrnehmungen, um wie viel dramatischer muss dann das tatsächliche Zustandekommen von

Gefühlen beeinflusst sein von sämtlichen Eingängen unserer Körperbefindlichkeiten, wie den Füllungszuständen der Eingeweide, der Blutkonsistenz, der Befindlichkeiten des Stütz- und des Bewegungsapparates und last not least vom Hormonstatus, welcher letztlich mitverantwortlich zu sein scheint für die grundlegendsten Unterschiede emotionaler Verarbeitung bei Männern und Frauen.

Man bekommt eine Ahnung von der Komplexität der Vorgänge, wenn man sich vergegenwärtigt, was sich die Zellen der Gehirnrinde in der Finsternis der Kapsel aufgrund der Prägung durch die jeweilige individuelle Erfahrung so alles ausdenken können, um diesen – wie Goethe ihn so treffend nannte – „lärmenden Haufen der Sinne" weiter anzukurbeln und durcheinanderzubringen. So können wir uns ärgern, dass uns der „Kragen platzt"; dabei genügt es, an ein Ärgernis zu denken, und schon wird das passende Hormon – Adrenalin – ausgeschüttet, der Puls und der Blutdruck steigen und der ganze Körper befindet sich plötzlich in Alarm- und Kampfbereitschaft, obwohl die Ursache des Ärgernisses weit entfernt sein kann. Ebenso können wir uns „zu Tode kränken", und wirklich können physisch die Nieren versagen – und wir können an Urämie (Harnvergiftung) sterben, obwohl keine organischen Störungen vorliegen, also aufgrund einer für die Vernunft nicht lösbaren Konfliktsituation. Bei geistig behinderten Menschen, die oft ein Leben lang mit besonderer Liebe und Hingabe an ihrer Betreuungsperson hängen, kann es vorkommen, dass sie sich nach dem Tod dieser Person einfach hinlegen und sterben.[4] Bei einer derartigen Sensibilität der Gemütslage für die wechselseitige Beeinflussung der Chemie des Körpers und der bewussten Vorgänge im Großhirn ist die Vermutung, hierin einen Grundstein für Geschlechtsunterschiede zu finden, naheliegend, unterscheidet doch vor allem das Hormonkostüm Männer und Frauen ganz wesentlich. Die große Überraschung war dabei allerdings, dass sich Geschlechtsunterschiede schon ganz basal in der Gehirnanatomie derartig augenfällig und grundlegend manifestieren würden.

Der kleine Unterschied

Für ihren Film „Der kleine Unterschied – Warum Männer und Frauen anders denken und fühlen"[5], der später mit dem Staatspreis für Wissenschaftspublizistik ausgezeichnet werden sollte, reiste meine Schwester, die Wissenschaftsjournalistin Sabina Riedl, 1996 in die USA, um das berühmte Forscherehepaar Raquel und Ruben Gur an der School of Medicine der University of Pennsylvania zu ihren jüngsten Entdeckungen zu befragen. Das Forscherehepaar benützte eine damals neue, sensationelle wissenschaftliche Methode der Gehirnuntersuchung, den sogenannten PET-Scanner. Mit Hilfe dieses Gerätes konnten erstmals Gehirnaktivitäten nachgewiesen werden, während sie entstanden, und zwar punktgenau in ihrer jeweiligen Region, nicht wie das bereits länger bekannte EEG (Elektroenzephalogramm), das lediglich oberflächliche Gehirnaktivität ableiten kann, welche der Dimension der Tiefe entbehren. Die erste große Überraschung wurde den Gurs beschert, als sie erkennen mussten, dass Männer und Frauen selbst in Ruhephasen Aktivitäten in anatomisch verschiedenen Teilen ihres Gehirnstamms aufweisen.[6]

Das Gehirn ist eine gewachsene Struktur, die ähnlich dem Brokkoli über einem Stamm aufgequollen ist, wobei tieferliegende Areale, die stammesgeschichtlich älteren, von stammesgeschichtlich jüngeren überwachsen werden. Diese liegen dementsprechend anatomisch darüber und damit näher zum Großhirn. Die rechte und linke Gehirnhälfte, denen sehr unterschiedliche Leistungen zugeschrieben werden, sind durch ein dickes weißes Faserbündel, den „Balken" miteinander verbunden. Als Quelle der Emotionen gilt das limbische System, das charakteristischerweise an jener Schnittstelle im Gehirn zu finden ist, wo die ankommenden Sensationen aus dem Körper über den Hirnstamm in jene Regionen aufsteigen, wo sie der bewussten Erfassung zugänglich werden. Hier treffen sie auf Erfahrungsmuster, die im besten Falle bei der Einordnung der ankommenden Information helfen.

Bei der Beobachtung der Gehirnaktivitäten entspannter Versuchspersonen entdeckte das Forscherpaar Gur, dass Frauen einen stammesgeschichtlich jüngeren Teil des limbischen Systems benützen, der oberhalb des Balkens gelegen ist. Entspannte Männer zeigen hingegen häufiger Aktivitäten in einem stammesgeschichtlich älteren, anatomisch tiefer, nämlich unterhalb des Balkens liegenden Teil des limbischen Systems.

Diese Entdeckung war eine kleine Sensation. Auch andere Wissenschaftler bestätigten bald, dass Frauen und Männer nicht nur in entspanntem Zustand, sondern auch bei der Bewältigung gleicher Aufgaben vielfach unterschiedliche Gehirnareale benützen.

Bildreich oder wortreich

Die Wiener Neurobiologin Brigitte Rescher ließ weibliche und männliche Versuchspersonen blind Gegenstände ertasten. Diese sollten dann später, ohne Augenbinde und ohne Berühren, rein optisch wiedererkannt werden.

Mit dem EEG (Elektroenzephalogramm) wurde überwacht, welche Bereiche des Gehirns während des Versuches aktiviert wurden. Dabei ergab sich zunächst ein eklatanter Geschlechtsunterschied: Männer bemühten häufig das räumliche Zentrum ihres Gehirns, welches am Hinterhaupt gelegen ist. Offenbar stellten sie sich den Gegenstand bildlich vor, während sie ihn (blind) in den Händen hielten. Frauen hingegen benützten eher ihre Sprachzentren, die an den Seiten des Gehirns situiert sind. Sie versuchten ganz offenbar, die Gegenstände zu verbalisieren: rund, glatt, weich. Bemerkenswert an der Versuchsreihe war, dass beide Methoden sich als gleichermaßen effektiv erwiesen. Bei der Wiedererkennung schnitten Männer und Frauen gleich gut ab.[7]

So hätte nun auch die Entdeckung des Forscherpaares Gur ohne Konsequenzen bleiben können, gäbe es da nicht einen gravierenden Nachteil älterer stammesgeschichtlicher Hirnareale gegenüber jüngeren: Den älteren fehlt die Anbindung an das Sprachzentrum.

Während die optischen Areale genauso wie die Sprachzentren selbst zur Großhirnrinde gehören und damit die Chance besitzen, ihre Eindrücke in Worte zu kleiden, gilt dies nicht für die stammesgeschichtlich älteren Teile des limbischen Systems. Die Zentren höherer Aktivität in ruhenden Männergehirnen sind dafür bekannt, stammesgeschichtlich alte Antriebe wie Sex, Flucht und Aggression zu beherbergen. Diese bedürfen offenbar wortreicher Interpretation weniger, da sie ohnedies ganz von alleine funktionieren.

Die Auswirkungen sind unmittelbar: Emotionen, die ins Bewusstsein dringen wollen, müssen „begriffen" werden. Fehlen die Worte, wird einerseits nicht verstanden, was in einem vorgeht, mit einem passiert, und man fühlt sich gepackt, „übermannt", ausgeliefert. Andererseits fehlen adäquate Verarbeitungsstrategien, denn diese würden Verständnis voraussetzen. Die Konsequenzen aus dieser geschlechtsspezifischen Präferenz wurden bald manifest, als das Ehepaar Gur männliche und weibliche Probanden beim Erkennen von Emotionen in Gesichtern testeten. Dabei war der Ausdruck starker Emotionen für die meisten Probanden beiderlei Geschlechts leicht einzuordnen: Schallendes Gelächter und heftiges Weinen ließen keinen Zweifel bezüglich der Zuordnung aufkommen. Hingegen ergaben sich bei feineren Nuancen Schwierigkeiten auf Seiten männlicher Probanden.

Ein ganz eklatanter Geschlechtsunterschied manifestierte sich beim Erkennen von Trauer in weiblichen Gesichtern. Die männlichen Probanden wirkten, als hätten sie diesbezüglich einen Gehirnschaden, beschreibt Ruben Gur seinen Eindruck bei der Entdeckung dieser Tatsache.[8] Harte Worte, ja, aber der berühmte Gehirnforscher scheint die Literatur zu kennen. Es ist eine gut dokumentierte Tatsache, dass Autisten nicht die Fähigkeit besitzen, Emotionen aus Gesichtern abzulesen. Autismus ist eine hauptsächlich „männliche" geistige Störung. Fünfmal häufiger sind Männer betroffen als Frauen. Das männliche Geschlechtshormon Testosteron ist als Entstehungsursache dieser Erkrankung ins Visier der Forscher geraten. Die Störung gilt unter anderem als extreme „Vermännlichung" des Gehirns.[9]

Interessant ist, dass Gurs männliche Versuchspersonen offenbar keine Probleme hatten, Trauer in männlichen Gesichtern zu erkennen, was Raum für wilde Spekulationen lässt. So meint Gur, dass es in der Evolution des Mannes offenbar vordringlicher war, Emotionen bei einem Gefährten in der (männlichen) Jagdgemeinschaft zu interpretieren als die Emotionen der Partnerin, konnte diese offenbar nicht so viel Schaden anrichten wie ein gekränkter Kampfgefährte. Ob diese Arbeitshypothese nun Wahrheitsgehalt besitzt, kann an dieser Stelle nicht überprüft werden. Die Tatsache jedoch, dass Männer offenbar größere Probleme haben, Emotionen bei ihren Mitmenschen zu erkennen, wirft die Frage auf, ob sie vielleicht auch eher Probleme haben, Gefühle bei sich selbst wahrzunehmen.

Gefühle ohne Worte

Bahnwärter Thiel

„Mord, Mord!"
Lene lag in ihrem Blut, das Gesicht unkenntlich, mit zerschlagener Hirnschale.
„Er hat seine Frau ermordet, er hat seine Frau ermordet!"
Kopflos lief man umher. Die Nachbarn kamen, einer stieß an die Wiege. „Heiliger Himmel!" Und er fuhr zurück, bleich mit entsetzensstarrem Blick. Da lag das Kind mit durchschnittenem Halse.
Der Wärter war verschwunden [...]. Den Morgen darauf fand ihn der diensttuende Wärter zwischen den Gleisen und auf der Stelle sitzend, wo Tobiaschen überfahren worden war.
Er hielt das braune Pudelmützchen im Arm und liebkoste es ununterbrochen wie etwas, das Leben hat.

In seiner unvergleichlichen Novelle „Bahnwärter Thiel" beschreibt Gerhart Hauptmann meisterhaft die gequälte Seele des äußerlich robusten Bahnwärters, der den Tod seiner ersten Frau nicht überwinden kann und sein schwächliches Söhnchen Tobias über die Maßen liebt. Um ihn versorgt zu wissen, heiratet er die Kuhmagd Lene, welche aufgrund ihrer Derbheit äußerlich zwar gut zu ihm zu passen scheint, jedoch nicht die geringste Sensibilität besitzt und das Tobiaschen absichtlich vernachlässigt und misshandelt. Der Bahnwärter ist der Brutalität seiner zweiten Frau nicht gewachsen, und obwohl er Zeuge der Misshandlungen an seinem Sohn wird, schafft er es nicht, sich dagegen zu stellen. Wortlos lässt er dem Schicksal seinen Lauf. Als Tobiaschen aufgrund von Lenes Gleichgültigkeit von einem Zug überrollt und getötet wird, kommt es zu der Tragödie. Thiel bringt Lene und das gemeinsame Baby um. Die Menschen denken, schreibt Hauptmann, dass Thiel gar nicht unter dem Tod seiner ersten Frau leide. Niemand weiß, dass er sein Bahnwärterhäuschen zu einem Schrein gemacht hat, in dem er ihr verblassendes Foto hingebungsvoll betrachtet. Die Menschen spotten, weil Thiel gerne mit den Kindern spielt, den „Rotznasen", aber es wird geduldet, weil sie in seiner Obhut sicher sind und er mit ihnen das Lesen übt.[10]

Eine zarte Seele in einem robusten männlichen Körper scheint es schwer zu haben, sich verständlich zu machen. Die Generation des Bahnwärters verlangte auch eben dieses von Männern. Gefühle waren etwas, das nicht gezeigt werden durfte. Ihre Verarbeitung hatte stillschweigend zu geschehen − oft mit bitterer Konsequenz für das Individuum.

Thiel hat aber nicht nur das Problem, dass er anderen seine Gefühle nicht vermitteln kann, mit Ausnahme vielleicht von Tobiaschen, der vor Freude zu strahlen beginnt, wenn er aufwacht und in das Gesicht des Vaters sieht, der ihn sanft streichelt. Thiel erkennt vor allem selbst nicht, wie es um ihn steht. Als er einmal unvermutet nach Hause kommt, weil er seine Jause vergessen hat, und Zeuge wird, wie Lene das Tobiaschen misshandelt, nimmt er wortlos sein Brot und geht. Er ist nicht in der Lage, Lene zurechtzuweisen, er ist nicht in der Lage, sich auf die Seite seines Sohnes zu stellen, der weinend in der Ecke sitzt.

Wie es scheint, ist das Erkennen von Gefühlen nicht nur bei anderen, sondern vor allem auch bei der eigenen Person geschlechtstypisch verschieden. Starke Gefühle, die nicht erkannt und daher nicht verstanden werden können, finden kein Ventil. Sie stauen sich auf bis zur Unerträglichkeit und entladen sich schließlich auf instrumentale und, im Falle des Bahnwärters, auf bestialische Weise.

Bei ganz basalen Emotionen, wie dem Ekel, unterscheiden Männer und Frauen sich nicht, weder was den Ausdruck noch was das Erkennen des Gefühls bei anderen Menschen betrifft. Dafür sind die sogenannten Spiegelneuronen zuständig, die angeboren sind und dafür sorgen, dass wir Handlungen anderer alleine durch Beobachtung verstehen und die zugehörigen Emotionen nicht nur erkennen, sondern diese auch selbst nachproduzieren – spiegelbildlich, wenn man so will.

Jüngste Forschungen haben gezeigt, dass der Mechanismus der Spiegelneuronen stammesgeschichtlich sehr alt sein muss und offenbar vorsoziale Funktionen hatte, deren kognitiver Überbau noch lange keine Rolle spielen sollte. Jedenfalls ermöglichen diese Neuronen das Erlernen von basalen Gefühlen alleine durch Beobachtung – und dies alles ohne jede sprachliche Kommunikationsmöglichkeit.[11]

Stammesgeschichtlich ältere Emotionen sind scheinbar nicht nur schwerer in Worte zu fassen, offenbar wird dadurch auch der Handlungsspielraum begrenzt. Die höhere Aktivität männlicher Gehirne in den stammesgeschichtlich älteren Teilen des Hirnstamms lässt vermuten, dass Männer sich auch häufiger mit basaleren Emotionen beschäftigen – respektive mit diesen „befasst werden", ohne dass es ihnen bewusst ist. Neue wissenschaftliche Studien zeigen, dass Männer mit ursprünglicheren Reaktionsmustern auch deutlich mehr anfangen können als Frauen.

Auge um Auge

Das Verlangen nach physischer Rache gemäß dem altbewährten Motto „Aug um Aug" scheint in männlichen Gehirnen fest einprogrammiert zu sein. Gerechte Strafe bei Betrug, zumal wenn diese körperlich ausfällt, scheint Männern eine besondere Genugtuung zu verschaffen.

Die deutsche Neurowissenschaftlerin und Psychologin Tania Singer analysierte mit Hilfe eines Magnetresonanzscanners (fMRI) die Gehirnaktivität von 32 Freiwilligen, die an dem bekannten Spiel „The Prisoner's Dilemma" teilgenommen hatten. Ausgangsposition des Spieles ist, dass die Probanden jeweils in Zweierteams Gefangene spielen, die eines Verbrechens bezichtigt werden und in verschiedenen Räumen von einem Spielleiter „verhört" werden. Die Teilnehmer können sich dabei zu Anfang des Spieles entscheiden, sich entweder loyal zu verhalten und zu schweigen oder sich gegenseitig zu betrügen und zu gestehen. Falls nur einer betrügt und gesteht, der andere loyal ist und schweigt, bekommt der Betrüger die geringste und der Loyale die höchste Haftstrafe. Die Spieler entscheiden sich vorab für eine Strategie, Kameradschaft oder Feindschaft, wovon der Mitspieler aber erst bei Spielende Kenntnis erhält. Ziel des Spiels ist die Erforschung des Gewissens, die Erkundung jener sehr individuellen Grenze zwischen maximalem persönlichem Vorteil und noch möglicher Loyalität gegenüber einem Mitspieler. Die Teilnehmer der Studie wurden nach dem Spiel in einen fMRI-Scanner platziert und sahen in der Folge, wie ihre Mitspieler mit elektrischem Strom „bestraft" wurden. Während dieses Vorganges wurde ihre Gehirnaktivität aufgezeichnet. Die Scans zeigten Unterschiede, wenn Spieler, die kooperiert, oder jene, die betrogen hatten, betroffen waren. Es zeigte sich, dass es Männern deutlich mehr Vergnügen bereitet, zu sehen, wenn an jemandem Rache geübt wird, der sie selbst ungerecht behandelt hat.[12] Bei der Beobachtung der Verabreichung der Stromstöße wiesen beide Geschlechter eine erhöhte Gehirnaktivität in zwei Bereichen des cingulären Cortex auf (ein Areal des Stirnhirns, das für situationsangemessene Handlungssteuerung zuständig ist), die mit der direkten Erfahrung von Schmerz in Zusammenhang stehen. Bei der Bestrafung von Betrügern zeigte sich eine leicht verringerte Aktivität der Zentren für Empathie. Beide Geschlechter empfinden daher weniger Mitleid mit einem bekannten Betrüger als mit einem loyalen Mitspieler.

Die Erforschung der Spiegelneuronen hat ergeben, dass bei menschlicher Empathie dieselben Gehirnareale aktiv sind wie bei der echten Empfindung. Empathie steigt deutlich, wenn wir uns mit der anderen Person identifizieren können. Eigene Erfahrung und persönliche Bekanntschaft sind dabei offenbar entscheidend. In einer späteren Studie ließ Tania Singer Probandinnen beobachteten, wie ihren Partnern durch einen Stromschlag auf die Hand Schmerz zugefügt wurde. Die Probandinnen reagierten umso heftiger, wenn sie das Gesicht des Partners sehen konnten. Das legt nahe, dass ein Gefühl der Empathie mit dem sozialen Verhalten der beobachteten Person in Zusammenhang steht.

Die Aktivität in den Zentren der Empathie verringerte sich bei Männern besonders deutlich, wenn Betrüger bestraft wurden. Zusätzlich wurden aber auch verschiedene andere Gehirnregionen der männlichen Teilnehmer aktiv. Dabei handelte es sich um Bereiche, die mit der Erfahrung von Belohnung verbunden sind, wie der Nucleus accumbens. Der Nucleus accumbens vermittelt als Belohnung für gelungenes Handeln ein Hochgefühl; unter anderem wird er mit der Entstehung von Sucht, z. B. nach Nikotin- oder Alkoholgenuss, aber auch nach Extremsport, assoziiert.

Diese Ergebnisse legen nahe, dass Männer nicht nur weniger Mitgefühl für Betrüger empfinden, denen offensichtlich Schmerz zugefügt wird, sondern dass es ihnen Vergnügen bereitet, wenn diese bestraft werden.

Frauen sind offenbar eher in der Lage, Mitgefühl für einen Mitmenschen aufzubringen, der Schmerz erleidet, auch wenn dieser sie zuvor im Spiel betrogen hat. Die Geschlechtsunterschiede jedenfalls waren für die Autorin der Studie, Tania Singer, die sich seit vielen Jahren mit dem menschlichen Sozialverhalten beschäftigt, eine ziemliche Überraschung.

Vielleicht ist das Faible für physische Bestrafung eines Schurken mit ein Grund dafür, warum Männer Filme aus dem Genre des „Hauen und Stechen" mehr anziehen als Frauen. Filme wie „Gladiator", in welchem Russell Crowe alleine gegen das römische Imperium antritt, sind offenbar ganz auf dieses Publikum zugeschnitten. Nach dem brutalen Tod von Weib und Kind (welche der restlichen Handlung ohnedies nur abträglich wären) – allein ein Huhn überlebt das Massaker – kämpft und tötet es sich frei von der Leber weg, dass es eine Freude ist. Schlussendlich besiegt der Gladiator seinen Hauptgegner, den römischen Kaiser Commodus, im Schwertkampf coram publico. Letzterer unterliegt und man lässt ihn im Staube liegen.

Filme nach den Romanen Jane Austens hingegen, bei welchen es durchaus auch um (soziale) Gerechtigkeit geht wie in „Stolz und Vorurteil", werden von einem weiblichen Publikum bevorzugt. Hier muss nicht getötet und gestorben werden, um eine Dramatik zu erzeugen, mit welcher weibliche Cineasten offenbar eher etwas anfangen können. Wobei nicht gesagt ist, dass Frauen weniger rachsüchtig wären. Die Art und Weise, in der Rache geübt wird, unterscheidet jedoch offenbar die Geschlechter grundlegend. So erleiden die Bösewichte in Jane-Austen-Filmen eher Strafen der sozialen Ächtung, müssen mit einer Schande weiterleben oder erhalten liederliche Ehepartner.

Das emotionale Gedächtnis

Vielleicht sind Frauen mit zu viel Brutalität auch einfach überfordert. Neueste Studien attestieren ihnen nämlich das bessere emotionale Gedächtnis. Starke Gefühle werden von Frauen offenbar nicht nur intensiver verarbeitet, sie bleiben ihnen auch länger im Gedächtnis. Die stärkere Vernetzung stammesgeschichtlich jüngerer emotionaler Zentren mit der Hirnrinde im weiblichen Gehirn führt zu einer verlässlicheren Speicherung von gefühlsbetonten Erlebnissen, so der Leiter des Forschungsprojekts, Turhan Canli, Associate Professor für Bio-Psychologie an der Stony Brook University im Staat New York. Zusammen mit einem Team von Wissenschaftlern der Stanford-Universität zeigte Canli jeweils zwölf Männern und Frauen eine Auswahl von Fotos mit unterschiedlich intensiver emotionaler Qualität. Während die Testpersonen die emotionale Bewertung der Bilder vornahmen, wurde die Aktivität ihrer Gehirnzellen gemessen. Dabei ergab sich ein erstaunlicher Geschlechtsunterschied. Frauen benutzten bei der Beurteilung der emotionalen Wirkung, welche die Bilder auf sie hatten, offenbar weitaus mehr Gehirnareale als Männer. Das Betrachten von verstümmelten Körpern etwa löste bei Frauen Reaktionen in neun unterschiedlichen Gehirnregionen aus, Männer hingegen aktivierten für dieselbe Aufgabe lediglich zwei. Entsprechend erweist sich das weibliche Gedächtnis für emotionsgeladene Situationen als dem männlichen überlegen.

Drei Wochen später baten die Versuchsleiter die Probanden abermals zu einem Test. Nun sollten sich die Versuchspersonen an die Bilder erinnern, die im ursprünglichen Versuch gezeigt worden waren. Sie sollten aus einem Konvolut von 48 Fotos jene herausfinden, die sie im ersten Versuch besonders aufgewühlt hatten. Während die Männer im Schnitt 60 % der Fotos wiedererkannten, die sie als besonders bewegend eingestuft hatten, erkannten Frauen 75 % der Bilder mit hoher emotionaler Wirkung.[13]

Eine holistische Nutzung des Gehirns scheint jedoch generell eher eine weibliche Strategie zu sein. Die inzwischen altbekannte Tatsache wurde in jeder erdenklichen Weise interpretiert.

Bei räumlichen Tests benützen Männer vor allem den sogenannten visuellen Cortex im Hinterhaupt und erzielten damit meist bessere Ergebnisse als Frauen, deren Gehirne vor Aktivität dabei „zu rauchen" schienen, weil offenbar die gesamte Großhirnrinde an der Entscheidungsfindung beteiligt war.[14]

Sofort fanden sich Spötter ein, die meinten, das komme davon, dass Frauen eben überfordert seien von räumlichen Aufgaben. Der Spott verstummte jedoch angesichts der Tatsache, dass durch jenes holistische Benützen des Gehirns Frauen im Alter offenbar leichter dem Schicksal entkommen, verbittert und griesgrämig zu werden, da sie verschiedene Gehirnregionen benützen, wenn sie denken und wenn sie sich entspannen: Die Zentrierung männlicher Denkvorgänge auf spezifische Regionen im Gehirn, in diesem Fall ist es der linke vordere Stirnlappen, führt nämlich offenbar dazu, dass in dieser Region vermehrt Stoffwechselendprodukte anfallen, die im Alter nicht mehr so leicht abtransportiert werden können und dadurch zur Störung des Betriebes führen.[15]

Wie immer man die Erkenntnisse der Geschlechterforschung auch interpretieren möchte, was im Wesentlichen von der eigenen Bildung und Erfahrung abhängen wird: Unbestechlich sind letztlich die Ergebnisse der Studien selbst. Daher liegt die Frage nahe, ob und in welcher Weise das Erkennen und Verarbeiten von Gefühlen durch die derart offensichtliche geschlechtstypische Nutzung des Gehirns beeinflusst wird.

Sprache mit Gefühl

„Wat is?"

„Kein Mensch interessiert sich dafür, was du sagst", erklärte mir Johannes Fischer, seit Jahrzehnten graue Eminenz im ORF, Redakteur zahlreicher innenpolitischer Sendungen wie z. B. dem *Inlandsreport* und Vater zahlreicher Informationssendungen wie *Zeit im Bild 3*. Aufgrund seiner immensen Erfahrung hatte Hannes ein nebenberufliches Standbein: Er unterrichtete Menschen, die lernen wollten, wie sie sich in den Medien präsentieren. Renommierte Firmen flogen ihre Manager aus der ganzen Welt ein, damit sie vom Profi lernen sollten, wie man spricht und sich verhält, um die Botschaft an den Mann und die Frau zu bringen, um unmissverständlich zu sein und vor allem, um im Gedächtnis der Menschen haften zu bleiben. Als seine damalige Schwägerin bekam ich einen Schnellsiedekurs. Nach meinem zweiten Buch, „Wie Frauen Männer gegen ihren Willen glücklich machen"[16], häuften sich die Anfragen nach Auftritten in Talkshows in Österreich und Deutschland. Da ich bereits vor großen Auditorien gesprochen und dabei auch in die eine oder andere Kameralinse geblickt hatte, hielt ich mich für ausreichend unerschrocken und auch einigermaßen erfahren. Es sollte sich erweisen, dass ich keine Ahnung hatte, worauf ich mich einließ.

„Ich habe ein Sendungsbewusstsein", erklärte ich Hannes, „da ist eine Fülle von Dingen, die ich den Menschen erzählen möchte, ich bin damit ausreichend motiviert." „Schön", sagte Hannes und lächelte nachsichtig, „trotzdem wird niemand zuhören. Sprichst du länger als vier Minuten, schalten die meisten ab. Sie gehen aufs Klo oder wechseln den Sender.

Du musst daher versuchen, alles in kompakte, kurze Sätze zu packen." „Das schaffe ich", erklärte ich, „Formulieren fällt mir gar nicht schwer." Schließlich habe ich eine zweisemestrige Vorlesung auch in einen Abendvortrag verpackt, dachte ich bei mir. „Uninteressant für den durchschnittlichen Fernsehzuseher", erklärte Hannes geduldig, „es sei denn, du schaffst es, auf die Metaebene zu kommen."

In einem kurzlebigen Medium wie dem Fernsehen geht das gesprochene Wort am Ohr des Konsumenten vorbei, es sei denn, man kennt den Trick. Auf der Metaebene, dem Stein der Weisen unter den Medienprofis, kommen Emotionen dazu. Die Menschen vor den Bildschirmen sind es gewohnt, ständig berieselt zu werden. Das Gehirn beschäftigt sich mit alledem nicht. Es sei denn, ein Satz bekommt plötzlich Bedeutung durch die Gefühlsebene. Ärgert man sich über eine Nachricht, ist man von ihr gerührt oder macht sie einen heiter, bleibt sie im Gedächtnis. Die Schreckensbilder diverser Naturkatastrophen aus Ländern, deren Existenz man bis dato nicht einmal kannte, dienen dazu, die Nerven wachzukitzeln. Oh wie schrecklich, denkt man und blickt geschockt auf die menschlichen Überreste eines Massakers. Weinende Gesichter aktivieren die Spiegelneuronen, wir bedauern, gruseln und grausen uns, fürchten uns vor den vermummten Bewaffneten aus den Hauptnachrichten aus demselben Grund, aus dem wir herzhaft über die entlaufene Kuh in den Lokalnachrichten lachen, die sich jedem Versuch, sie einzufangen, akrobatisch widersetzt.

Ob eine Botschaft ankommt, hängt offenbar sehr davon ab, wie die Wahrheit verpackt wird. In den kommenden Talkshows hatte ich vor, zu vermitteln, dass der Grundbauplan der Natur weiblich ist, dass Männer das abgewandelte Geschlecht sind und dass Frauen sich im Durchschnitt eher für Beziehungen verantwortlich fühlen als Männer. Vor meinem geistigen Auge sah ich Scharen von Fernsehzusehern die Toilette aufsuchen. Zu lang, zu unpräzise und vor allem langweilig.

Eine Aussage wie „Frauen sind die Chefinnen der Firma Beziehung, Männer die Angestellten" – eine Provokation cum grano salis – löst beim Zuseher hingegen eine Kaskade von Gefühlen zwischen Heiterkeit und Empörung aus. Egal, was jetzt kommt: Das Interesse ist geweckt. Etwas gewöhnungsbedürftig für eine Wissenschaftlerin, der im Rahmen ihrer Lehr- und Wanderjahre an der Universität die Präzision der Formulierung und die überlegte Wahl streng definierter Fachtermini sehr ans Herz gelegt worden war[17] – die Wirkung jedoch überzeugte. Vor der Show *Wat is?*, in welcher ich Ende der 1990er Jahre zu Gast war,[18] wurde ich Zeugin, wie der Moderator Jürgen von der Lippe das Publikum vorbereitete – „Einklatschen" wurde das genannt. Er erzählte Schwank um Schwank, bis die Menschen auf der Tribüne derartig aufgedreht waren, dass sie bereits bei kleinen Handbewegungen vor Lachen brüllten. Damit war die ungeteilte Aufmerksamkeit des Publikums für die Show sichergestellt, und in der Tat funktionierte dieses „Aufwärmtraining" bis ans Ende der Sendung. Auf einen Spruch meinerseits musste von der Lippe lediglich eine Braue heben und der Saal tobte.

Es geht nicht ohne Emotionen, und das hat einen ganz banalen Grund: Weil alles von Emotionen begleitet wird, was bewusst in unser Gehirn Einzug findet. Je stärker die begleitenden Gefühle, desto eher bleibt eine Erinnerung haften. Eine romantische Liebesnacht oder ein böser Streit in der Familie werden nicht vergessen. Von einem langatmigen Vortrag bleibt dagegen lediglich ein Gefühl der Leere und Frustration.

Guy Vingerhoets Studien

Wer anderen zuhört, ist zugleich immer einem Fluss begleitender Gefühle ausgesetzt. Welche Prozesse Inhalt und Form von Gesprochenem in unserem Gehirn auslösen, hat Guy

Vingerhoets von der Universität Gent mit einem Team von belgischen Neuropsychologen unter die Lupe genommen:[19]

Die Arbeitshypothese der Gruppe geht davon aus, dass die linke Gehirnhälfte für die Verarbeitung sprachlicher Inhalte verantwortlich ist, die rechte Hirnhälfte für die Interpretation von Gefühlen. Was aber geschieht, wenn das Gehirn eine emotionsgeladene sprachliche Botschaft verarbeiten soll? 36 Probanden beschallte der belgische Forscher mit mehr oder weniger gefühlsgetränkten Äußerungen, während er ihre Gehirnaktivität mittels Ultraschall überwachte. Er benützte dabei die sogenannte transkraniale Doppler-Ultrasonographie, eine Methode bei der, ohne Eingriff in das Gehirn, die Geschwindigkeit des Blutflusses in den mittleren Hirnarterien gemessen wird. Die Strömungsgeschwindigkeit in den Arterien dient dabei als Hinweis für die Aktivität des Gehirns, das für seine Arbeit Zucker und Sauerstoff benötigt, welche das Blut liefert. Die 36 Probanden wurden gebeten, die emotionale Qualität der Sätze zu bewerten, welche ihnen vorgespielt wurden. Vingerhoets und sein Team baten die Teilnehmer, sich entweder auf die semantische Bedeutung der Wörter zu konzentrieren oder auf die Satzmelodie, die Gefühle mittransportiert bzw. auslöst. Jeder der Sätze war durch eines von vier grundlegenden Gefühlen charakterisiert – Wohlbefinden, Trauer, Wut, Angst – oder durch eine neutrale semantische Bedeutung. Darunter fanden sich Sätze wie: „Ihm gefällt der lustige Comic wirklich" (Wohlbefinden), „Das kleine Mädchen hat seine Eltern verloren" (Trauer), „In dem dunklen Tunnel brach Panik aus" (Angst) und „Geben Sie die Scheibe immer in den Schutzbehälter" (neutral). Schauspieler sprachen diese und ähnliche Phrasen entweder in emotional gefärbter oder in einer neutralen Satzmelodie. Die Probanden erhielten die Aufgabe, die einzelnen Sätze einer Gefühlsqualität zuzuordnen, indem sie mit beiden Händen auf die dazu passende Stelle einer Karte deuteten, welche vor ihnen lag. Damit sollte verhindert werden, dass durch aktives Sprechen respektive die Benützung nur einer Hand der Blutfluss beeinflusst wurde. Sobald sich die Teilnehmer auf die semantische Bedeutung des Satzes konzentrierten, erhöhte sich der Blutfluss in der linken Gehirnhälfte signifikant. Richteten sie ihre Aufmerksamkeit hingegen auf die Art und Weise, wie die Sätze gesprochen wurden, erhöhte sich die Geschwindigkeit des Blutes auch in der rechten Gehirnhälfte – ohne dass sie sich auf der anderen Seite verringerte. Dies könnte Ausdruck dessen sein, dass die linke Gehirnhälfte semantische Inhalte automatisch verarbeitet und gleichzeitig dabei hilft, Emotionen quasi zu kategorisieren, erklären die Forscher. Damit sei auch ein physischer Beweis dafür erbracht worden, dass die rechte Gehirnhälfte nicht ausschließlich für das Verarbeiten von Gefühlsausdrücken verantwortlich ist.

Beim Verarbeiten „emotionaler Kommunikation" sind die Leistungen beider Gehirnhälften notwendig. Die rechte konzentriert sich auf das „Wie" des Gehörten und die linke auf das „Was". Laut Vingerhoets geht das eine nicht ohne das andere, wir sind gewohnt, beides gleichzeitig zu tun. Und doch unterscheiden sich Frauen und Männer deutlich gerade auf diesem Gebiet.

Die Welt des Wortes ist weiblich

Seit den bahnbrechenden Entdeckungen der Sprachforscherin Jenny Harasty von der University New South Wales, Australien, ist bekannt, dass die beiden großen Sprachzentren im Gehirn, das „Brocazentrum" und das „Wernickezentrum", bei Frauen um bis zu 30 % größer sind als bei Männern.[20] Letzteres ist mit der Wortfindung betraut und verhilft uns dazu, dass Worte uns flüssig über die Lippen kommen.

Ein launiger Abend im Freundeskreis ist mir dazu in lebhafter Erinnerung. Es wurde die Idee geboren, ein Wortfindungsspiel zu spielen – in zwei Teams, Frauen gegen Männer. Innerhalb einer gegebenen Zeitspanne sollten Begriffe gefunden werden, die natürlich nicht genannt werden durften. Einer aus dem Team las den Begriff (nur für sich) von einer Karte ab und versuchte, diesen zu umschreiben, ohne dabei fünf weitere entscheidende Begriffe zu nennen, welche auf der Karte ebenfalls vermerkt waren. Das suchende (eigene) Team sollte so rasch wie möglich frei assoziierend möglichst viele Begriffe produzieren, um den richtigen zu erraten – eine Wortfindungs-Denksportaufgabe der Extraklasse. War der richtige Begriff gefunden und die Zeit noch nicht um, konnte gleich der nächste Begriff gesucht werden. Aufgrund meiner Kenntnis der Literatur zu männlichem versus weiblichem Sprachverarbeitungsvermögen ahnte ich zwar im Vorfeld den Ausgang des Gendermatches; dass der Unterschied zwischen den Teams aber derartig eklatant ausfallen würde, überraschte dennoch jede/n im Raum. Während das Herrenteam lediglich wenige mühevoll erarbeitete Begriffe produzierte, ja einzelnen Herren wollte nicht ein einziger Begriff einfallen, sprudelte es aus dem Damenteam stakkatoartig, sodass meist binnen Sekunden schon der nächste Begriff in Arbeit genommen werden konnte. Anschaulich wurde hier demonstriert, was die Wissenschaft schon lange weiß: Die Welt des Wortes ist weiblich.

Mädchen beginnen früher zu sprechen als Jungen und sprechen auch meist klarer. 20 Monate alte Mädchen haben einen doppelt so großen Wortschatz wie Jungen. Im Schulalter ist die durchschnittliche Schülerin dem Schüler sprachlich um zwei Jahre voraus. Mädchen können besser schreiben und formulieren grammatikalisch richtiger als Jungen, lediglich das Vokabular, das verstanden wird, ist dasselbe. Laut jüngsten Untersuchungen an Kindern zwischen neun und 15 Jahren dominierten Mädchen sämtliche Wortverarbeitungstests wie z. B. das Finden von Reimworten. Darüber hinaus zeigte es sich, dass sie viel müheloser zwischen verschiedenen Sinnesmodalitäten wie Hören und Sehen wechseln können. Geschriebene oder gesprochene Worte werden von Mädchen nicht nur rascher verarbeitet, sondern auch schneller in der jeweils anderen Modalität wiedergegeben. Jungen hatten bei den Tests derartige Probleme, dass das Team um den Kommunikations- und Sprachforscher Douglas Burman von der Northwestern University in Evanston, Illinois, Lehrern den ausdrücklichen Rat gibt, Jungen in einer einzigen Sinnesmodalität zu unterrichten. Diese tun sich laut der Studie leichter, Worte wiederzugeben, die sie vorher gehört haben, und schreiben besser, was sie ablesen können.[21] Angesichts der eklatanten Unterschiede wird auch hier wieder die Frage aufgeworfen, ob es nicht fairer wäre, Mädchen und Jungen in diesem Alter getrennt zu unterrichten – um letztere nicht zu demoralisieren.

Frauen verdanken ihren Vorteil beim Spracherwerb und der Sprachverarbeitung einer interessanten anatomischen Besonderheit. Anders als Männer benützen sie beim Sprechen und bei der Sprachverarbeitung sowohl die rechte als auch die linke Hälfte des Gehirns.

Das Ehepaar Sally und Bennett Shaywitz, weltbekannte Sprachforscher von der Yale Universität in New Haven, hatten dieses Phänomen bereits 1995 entdeckt.[22] Ursprünglich war das Ehepaar Shaywitz von der Frage ausgegangen, warum Männer nach Schlaganfällen in der Logotherapie so viel schlechtere Fortschritte erzielen als Frauen. Ebenso mühen sich Jungen mit Teilleistungsschwächen wie z. B. der Dyslexie, bei welcher Worte nicht ganz gelesen, erkannt oder wiedergegeben werden können, viel mehr ab als Mädchen. Nicht nur tritt die Störung viel häufiger bei Jungen auf, betroffene Mädchen verzeichnen in logotherapeutischer Behandlung schnellere und größere Fortschritte.

Die Entdeckung der holistischen Sprachverarbeitung in weiblichen Gehirnen kann als Meilenstein in der Geschlechterforschung angesehen werden. Die Wahrnehmung von emotionalen Botschaften im gesprochenen Wort scheint Frauen damit in die Wiege gelegt zu sein. Die Kommunikation der beiden Gehirnhälften ist unerlässlich für das Erkennen und Einordnen gefühlsschwangerer Worte.

Michael Persinger und seine Mitarbeiter, Psychologen von der Laurentian University in Ontario, Kanada, machten sich daran, das sprachlich-emotionale Gedächtnis von Männern und Frauen genauer unter die Lupe nehmen. Sie wählten eine Geschichte mit mehreren Handlungssträngen, deren Mittelteil besonders stark auf Emotionen abzielt. Die Geschichte erzählt von einem kleinen Jungen, der nicht einschlafen kann. Die Testpersonen, jeweils 20 Studentinnen und Studenten, wurden fünf Minuten mit der Geschichte beschallt. 30 Minuten später wurden die Probanden gebeten, schriftlich und so detailreich wie möglich wiederzugeben, woran sie sich erinnerten.

Die Studentinnen konnten nicht nur 50 % mehr Einzelheiten wiedergeben als die Studenten, sondern sich auch an den inhaltlichen Verlauf wesentlich besser erinnern. Die männlichen Probanden offenbarten eine überraschende Gedächtnislücke, vor allem, als sie versuchten, den emotionalen Mittelteil der Geschichte zu rekonstruieren. Es waren sogar ausschließlich weibliche Probanden, denen es gelang, überhaupt zu erkennen, dass der Junge in der Geschichte offenbar unter sexuellen Missbrauchserfahrungen litt.[23]

Frauen sind hier ganz offensichtlich mit einem emotionalen Sensorium ausgestattet, das reine Spracherkennung und -kreation weit übersteigt. Gewiss spielt die geschlechtstypische, holistische Nutzung des Gehirns dabei eine wesentliche Rolle, weil die rechte Gehirnhälfte bei der Verarbeitung emotionaler Information in der Sprache unerlässlich ist. Männlichen Versuchspersonen, deren geschlechtstypische Aktivitäten während des „Listenings" hauptsächlich in der linken Hemisphäre stattfanden, entging offenbar der emotionale Hintergrund der Geschichte zur Gänze.

Die unterschiedliche Durchblutung von Hirnarealen ist ein wichtiger Hinweis auf geschlechtstypische Verarbeitung von gefühlsbeladenen Worten; aus welchem Grund diese Unterschiede bestehen, ist hingegen noch alles andere als eindeutig.

Sonderfall Mutterliebe

Der Mutterinstinkt

An dieser Stelle sollte ursprünglich eine ganz dramatische Geschichte erzählt werden, von einer Mutter, die ihrem Säugling in die eisigen Fluten nachspringt, in welche eine Sturmböe das Kind geschleudert hatte. Unter den Favoriten war auch meine Lieblingsgeschichte von der alten Affendame Flo aus Jane Goodalls Gruppe am Gombe-Strom: Flo – alt und zittrig, wie sie ist – sträubt die letzten verbleibenden Haare und eilt herbei, um ihrem Sohn beizustehen, der beim Kampf um die Rangordnung von einem Baum gestürzt ist und jämmerlich schreit.[24]

Auch an die Geschichte meiner Mutter, die einen 100 kg schweren Kasten alleine hochhob, weil wir Kinder darunter eingeklemmt worden waren, hatte ich gedacht. Aber bei näherer Überlegung erschienen heroische Geschichten eigentlich gar nicht passend.

Die Anlage, die hier dargestellt werden soll, ist wohl eine menschliche Grundausstattung, die zu spektakulären Taten verleitet, aber schlussendlich geht es darum nicht – zumindest nicht in erster Linie. Die zartesten Nuancen der Empfindsamkeit, des Einfühlungsvermögens und der Erkenntnis hochkomplexer emotionaler Verstrickungen sind nicht durch spektakuläre Begebenheiten zu illustrieren. Letztlich wird vom Mutterinstinkt die Rede sein. Die feinen Sensorien, die dem menschlichen Wesen, aber ganz besonders den weiblichen Individuen verliehen wurden, verdanken ihre Entstehung weit vielschichtigeren Bedingungen als der bloßen körperlichen Sorge um ein Kind.

In knapp fünf Lebensjahrzehnten habe auch ich Leistungen erbracht, die mir „heroisch" erscheinen. So habe ich zwei Menschen das Leben geschenkt, und zweifellos ist der Vorgang der Geburt, wenn man sich denn entscheidet, ihn bewusst zu erleben, ein unvergleichlich aufwühlendes Ereignis, das einen zutiefst prägt. Und doch ist es nicht die Geburt der Kinder, die mich emotional am meisten gefordert hat. Ich habe auch meinen Vater in den Tod begleitet. Doch waren es nicht die Stunden vor dem Ableben, auch wenn diese der Dramatik nicht entbehrten, die mir vordringlich in Erinnerung sind. Und ebenso habe ich die Erziehung meiner Kinder auch nicht dramatisch in Erinnerung. Es war nicht nötig, Leib und Leben zu riskieren, wenngleich ich nicht gezögert hätte. Die Einsätze waren beständiger Natur; Stunden, Tage, Wochen, Monate, Jahre bestanden vor allem aus Zuhören und Hinsehen. Die reichlich unspektakulären Taten manifestierten sich darin, den langsam selbstständiger werdenden Kindern bewältigbare Aufgaben zu überlassen, sie Stolz auf eigene Leistungen erleben zu lassen, ihnen auf unauffällige Weise den Weg zu ebnen, wenn Probleme nicht alleine lösbar schienen, wie z. B. Streit mit der besten Freundin im Kindergarten. Oder darin, bei ersten eigenen Unternehmungen unbemerkt in der Nähe zu sein, nur für den Fall, dass man doch gebraucht wird, z. B. beim ersten Schikurs hinter dem Baum versteckt zu warten, den einen oder anderen Tag an einem Krankenbett zu sitzen oder gar zusammengerollt in einem Spitalsgitterbett zu übernachten. So ist mir auch weniger die physische Pflege meines todkranken Vaters im Gedächtnis, obgleich diese zweifellos auch wichtig war. Aber dem wachen Geist, der in einem sterbenden Körper gefangen war, zu einem letzten Ausdruck zu verhelfen, ist nach wie vor Quelle intensiver Erinnerung.

Ein altes Erbe und eine junge Fähigkeit

In den Abendnachrichten im Dezember 2011 wurde berichtet, dass die Einkommensschere zwischen Männern und Frauen größer geworden sei. Eine Grafik zeigte einen gewaltigen Einkommensknick bei Frauen. Während das Gehalt für junge Männer und Frauen bis in die Mitte ihrer 20er gemeinsam steigt, sacken die Einkünfte der Frauen hernach dramatisch ab, nur um gegen das 50. Lebensjahr langsam wieder jenen Stellenwert zu erreichen, den die Frau als 20-Jährige schon hatte. Die Einkommen der Männer sind ohne Knick oder Einbruch schlicht im Trend steigend verblieben.

Der Nachrichtensprecher klagte über die mangelnde Wertschätzung den Frauen gegenüber und darüber, dass diese Entwicklung einer modernen Gesellschaft unwürdig sei. Die Absurdität der ganzen Situation aber wurde von der Grafik gnadenlos aufgezeigt. Was haben die Frauen denn gemacht zwischen dem 25. und dem 50. Geburtstag? Wahrscheinlich Kinder großgezogen und alte Menschen gepflegt. Nur eine Gesellschaft, welche den Wert eines Menschen ausschließlich über sein Einkommen misst, kann diesen Umstand beklagen. Mich ergriff augenblicklich tiefe Achtung vor meinen Geschlechtsgenossinnen, die nachweislich – trotz allen Verlockungen hoher Gehälter und gesellschaftlicher Anerkennung für hohe Ämter –, ihrer Ausstattung folgend, die Abhängigen und Bedürftigen dieser Welt nicht sich selbst überlassen, ungeachtet dessen, dass dies auf Kosten ihrer persönlichen Bereicherung geschieht. Frauen pflegen, weil sie es können, und es resultiert eine tiefe Befriedigung daraus, die eigenen Fähigkeiten dazu zu verwenden, die Mühseligkeiten der Existenz jener zu lindern, die einem anvertraut sind. Die spürbare Verbesserung der Lebensbedingungen der Menschen, die einem wichtig sind, ist der Lohn für alle Mühen und etwaigen Entbehrungen. Unbezahlbar wären die Leistungen, wollte man sie in Geld aufwiegen – wie eine Gesellschaft, in der alles um den schnöden Mammon tanzt, langsam schaudernd zur Kenntnis nehmen muss.

85 % der pflegegebenden Personen im privaten Umfeld sind weiblich. Je mehr Frauen sich für die Berufswelt und die eigene Karriere entscheiden, desto mehr Betreuungs- und Pflegeeinrichtungen entstehen, welche zu ersetzen suchen, was nicht mehr freiwillig getan wird. So werden heute viermal so viele bis drei Jahre alte Kinder in Kinderkrippen betreut wie noch vor 30 Jahren. Und alte Menschen, die daheim keine Pflege erhalten können, werden in Pflegeeinrichtungen untergebracht. Fast möchte man von einem spiegelbildlichen Prozess sprechen. Die Fremdbetreuung der Kinder nimmt zu und ebenso steigt auch die Anzahl der Altenbetreuungseinrichtungen.[25] Das Patriarchat ist tot, aber seine Werte beherrschen nach wie vor unser Denken.

Interessanterweise hat sich der geschlechtsspezifische Prozentsatz der pflegegebenden Personen auch im Berufsleben erhalten. Manfred Borutta hat in seinem Buch „Karriereverläufe von Frauen und Männern in der Altenpflege"[26] einen skurrilen Zusammenhang aufgedeckt: Während die tatsächliche Pflege alter Menschen zu 85 % von weiblichem Personal durchgeführt wird, findet sich in den Führungsetagen der Pflegeeinrichtungen ein Anteil von 60 % Männern. Dies ist insofern besonders bemerkenswert, als die Altenpflege körperliche Kräfte erfordert, die in anderen Berufen häufig als Begründung für den hohen Männeranteil angeführt werden (wie z. B. bei der Müllabfuhr, wo man traditionell auch besser verdient als in der Altenpflege).

Emotional fordernde Tätigkeiten wie die Betreuung ganz kleiner Kinder in Krippe und Kindergarten sowie die Betreuung schwer kranker, sehr alter und sterbender Menschen liegt offenbar nahezu zur Gänze in weiblicher Hand. Hier darf getrost davon ausgegangen werden, dass Menschen ihren Neigungen folgen. Die starke emotionale Ausrichtung des weiblichen Gehirns eignet Frauen durchschnittlich eher dafür, bedürftigen Mitmenschen aller Altersklassen unter die Arme zu greifen. Auch wenn es heute nicht populär ist, von geschlechtstypischen Unterschieden zu sprechen, vor allem, wenn diese angeboren sind, bleibt uns an dieser Stelle die Erkenntnis nicht erspart, dass es sich hierbei um ein sehr altes Erbe handelt, welches die Frauen mit besonderen Fähigkeiten ausgestattet hat.

Mutter Natur sorgt vor

Die Kunst, emotionale Bedürfnisse zu erfassen, ist zwar eine stammesgeschichtlich eher junge Fähigkeit, sprich eine nahezu genuin menschliche, allerdings ist sie auf Basis sehr alter Triebe und Instinkte aufgebaut. Für eine Meisterschaft in dieser Disziplin ist über die Anlagen hinaus auch Übung erforderlich sowie der Erwerb eines ganzen Sets sozialer Fähigkeiten. Der Grund dafür, dass wir heute überhaupt dazu in der Lage sind, auf so feinsinnige Weise die Bedürfnisse unserer Mitmenschen zu erkennen und dann richtig darauf zu reagieren, ist einer der stärksten Instinkte, der jemals im Tierreich hervorgebracht wurde: der Mutterinstinkt. Die Sonderstellung des Menschen im Tierreich und seine Verletzlichkeit, die seine Art als solche immer wieder an den Rand der Extinktion getrieben hat, muss als Erklärung für die tiefschürfenden Veränderungen angesehen werden, die am emotionalen Kostüm des Homo sapiens vorgenommen wurden.[27]

Das Nervensystem braucht Zeit zu reifen. Tiere mit großen Gehirnen tragen traditionell länger ihre Jungen aus als Tiere mit kleinen Gehirnen. Ein Vergleich zwischen den Arten zeigt eindrucksvoll, dass ein Wesen mit einem Gehirn von bis zu 1,3 Litern Volumen, wie es der durchschnittliche Mensch besitzt, mindestens zwei Jahre im Mutterleib zubringen müsste, um reif genug zu sein für ein Leben außerhalb des Uterus. Im Vergleich zum restlichen Tierreich ist der Mensch eine physiologische Frühgeburt.[28] Kein Tier kommt vergleichbar abhängig und unselbstständig zur Welt und bleibt so lange von Betreuung durch eine Bezugsperson abhängig wie der Mensch.

Die Ursache dafür ist, dass der Geburtsvorgang nach wie vor durch den einzigen wirklich nicht erweiterbaren Knochenring im Körper der Frau passieren muss. Ein Umstand, der eine dramatische Zuspitzung dadurch erfuhr, dass einerseits das menschliche Gehirn an Größe zunahm, das Becken hingegen als Konzession an den aufrechten Gang schmäler werden musste.

Ein weiterer Trend in der menschlichen Stammesgeschichte war das Verschwinden der Schnauze: Das Gesicht wurde kleiner, „verkindlichte", und damit verschwand ein wichtiges Kühlaggregat für das stetig wachsende Gehirn. Daraufhin verschwand das Haarkleid zugunsten einer größeren freien Oberfläche, welche mit Schweißdrüsen die Kühlung fortan zu übernehmen hatte. Nicht genug damit, waren die Greiffüße zu Schreitfüßen geworden – mit dramatischen Konsequenzen für den Tragling, der durch das schwindende Fell ohnehin kaum mehr Möglichkeiten fand, sich aktiv an der Mutter festzuklammern.[29]

All diese Veränderungen brachten ein Wesen hervor, dessen Junge denkbar benachteiligt auf dieser Welt erscheinen: Sie sind physiologische Frühgeburten, das bedeutet, ihr Gehirn ist nicht reif genug, um selbstständig an ihrer Erhaltung mitzuwirken. Ihr Klammerinstinkt, der nebenbei bemerkt bei unseren Säuglingen noch ganz erstaunlich gut funktioniert (man kann ein Neugeborenes an eine Stange geklammert hochheben, die Händchen halten das Gewicht mit Leichtigkeit), findet kein Fell mehr vor, die Füße sind für das Anklammern ohnedies kaum mehr geeignet.

Die einzige Möglichkeit, auf die Mutter Natur zurückgreifen konnte, um diesen Nachteil zu kompensieren, war es, die Mutter mit einem besonders starken Betreuerinstinkt auszustatten. Der Mutterinstinkt ist auch bei unseren nahen Verwandten einer der stärksten Triebe überhaupt. Es gibt keine Sorge um eigene Sicherheit oder Nahrungsaufnahme, solange der Nachwuchs nicht versorgt ist. Unübertroffen im Vergleich der Arten ist jedoch der Mutterinstinkt der menschlichen Spezies. Spiegelbildlich dazu rastet und ruht kein Säugling, bis er den ersehnten Kontakt zur Betreuerin empfindet. Nahrungsaufnahme oder Lernen jeder Art funktionieren erst, wenn der Körperkontakt hergestellt ist.[30]

Mutter und Kind lernen voneinander. Viele junge Mütter erzählen von der Unsicherheit der ersten Tage und Wochen, in welchen sie oft überfordert waren mit den Bedürfnissen des Neugeborenen, das noch wenig Ausdrucksmöglichkeiten hat und dessen Schreien praktisch alles bedeuten kann. Wenige Wochen nach der Geburt agieren dieselben Mütter auf selbstverständliche Weise mit ihrem Säugling, antizipieren Bedürfnisse, bevor diese überhaupt entstehen – zum Staunen der nicht Eingeweihten.

Die Natur lässt sich zu Veränderungen erst herbei, wenn es nicht mehr anders geht. Den vielen anatomischen und physiologischen Nachteilen menschlicher Säuglinge musste Rechnung getragen werden, sonst hätte die menschliche Spezies es nicht geschafft, zu überleben. Gänzlich Neues zu „erfinden", ist Sache der Evolution nicht. Diese greift auf bestehende Ressourcen zurück und baut diese aus, verfeinert sie. So geschehen mit dem Mutterinstinkt. Ein Wesen, das längere Zeit abhängig bleiben wird, braucht eine betreuende Person mit besonders verfeinerten Fähigkeiten.

Dies war die Geburtsstunde der Emotionalisierung der Mütter, die zunächst massiv in die Pflicht genommen wurden – und zwar nur sie. Bald jedoch sollte sich herausstellen, dass der mütterliche Aufwand alleine nicht ausreichend war, um das Überleben der Nachkommen zu garantieren. Wieder waren es die anatomischen Nachteile, welche die vordergründigsten Probleme bereiteten. Behängt mit einem Säugling, der auch noch aktiv festgehalten werden musste, war der Mutter die Nahrungssuche und -aufnahme erschwert. So entstand das soziale Netz. Zunächst entwickelte sich der matrilineare Clan. Mehrere Generationen blutsverwandter Frauen halfen einander bei der Bewältigung des Alltags.

Die „Großmutterhypothese" des Kasseler Evolutionspsychologen Harald Euler konnte an einer Gruppe moderner Jäger und Sammler verifiziert werden. Trägt eine Großmutter mütterlicherseits zur Ernährung der Enkelkinder bei, sind diese deutlich schwerer und besser entwickelt, als wenn es keine Großmutter gibt.[31]

Auch in unserer individualisierten Gesellschaft kommt der Großmutter aus der Mutterlinie immer noch die größte Bedeutung zu. Viele junge Mütter gestehen: Ohne die Oma ginge gar nichts. Vor allem die Großeltern mütterlicherseits sind an Erziehung und Betreuung der Enkel maßgeblich beteiligt, besonders die Großmutter. Aber auch deren Ehemann kümmert sich um den Nachwuchs – oft sogar in einem weit höheren Ausmaß als die Großmutter väterlicherseits. Der Vater des Vaters hat das distanzierteste Verhältnis zu den Enkeln, die er, im Vergleich mit den anderen drei Großeltern, am seltensten besucht bzw. mit denen er am wenigsten kommuniziert. Bei Verlust eines Enkels trauert er am wenigsten und ist selten adoptionsbereit.[32] Seine innerfamiliäre Funktion hält sich in Grenzen, wie es der Anthropologe Eckart Voland von der Justus-Liebig-Universität in Gießen ausdrückt: „Es geht nicht viel von ihm aus. Sogar wenn er grantelig ist, ist das kein Problem, dann setzt man ihn in den Stuhl neben dem Ofen."[33]

Die westliche Gesellschaft versieht Mütter heute darüber hinaus mit allerlei Unterstützungen, Zuwendungen und

Einrichtungen aus öffentlicher Hand. Der berühmte US-amerikanische Anthropologe Lionel Tiger von der Rutgers Unversity in New York spricht sogar von „Bürogamie", worunter er versteht, dass Frauen, vor allem in Großstädten, häufig mit dem Staat „verheiratet" und daher gut in der Lage sind, ihre Kinder als Alleinerzieherinnen großzuziehen.[34]

Diese modernen Entwicklungen verschleiern die Bedeutung einer weiteren notwendigen Entstehung in unserer Stammesgeschichte, die lediglich aus heutiger Sicht manchen nicht mehr so vordringlich erscheinen mag: die Erfindung des Vaters.

Papa ante portas

„Tilapo'i!"

Die vier dunkelhäutigen Männer blicken einander belustigt an,
der Schalk blitzt förmlich aus ihren Augen. Gerade auf Schul-
terhöhe reichen sie dem lang und schmal gewachsenen weißen
Forscher, der mit seiner hohen Denkerstirn, der dünnrandigen,
kleinen Brille, dem weißen Hemd und den Kniehosen wie ein
Gulliver im Land der Zwerge wirkt. Die vier Krieger gehen
voraus, schirmartig beschattet von ihren kunstvoll geflochte-
nen Perücken aus Menschenhaar, lediglich mit Lendenschurz
bekleidet, unter der glatten dunklen Haut sieht man das Spiel
der Muskeln. Verschmitzt blicken sie sich um. Fast tut er ihnen
leid, der seltsame Fremdling, der sie eben mit seiner Sicht der
Welt so außerordentlich belustigt hat. Bronisław Malinowski
hat die heiligen Hallen der Universität in London verlassen,
um auf den Trobriand-Inseln mit den Eingeborenen zu leben
und ihre Lebensweise zu studieren. Anders als seine weißen
Forscherkollegen ist er nicht dem damals üblichen Eurozen-
trismus anheimgefallen. Er sieht sich nicht als überlegen an,
blickt nicht herab auf die Wilden und ihr abergläubisches Treiben. Aber was zu viel ist, ist zu viel, selbst für den aufgeschlos-
sensten Forscher. Mit diesem Unsinn muss er aufräumen! Die
Insulaner haben doch tatsächlich keine Ahnung von der Zeu-
gung! Sie sind der Meinung, dass ein Ahn in den Kopf der Frau
eindringt, von welcher er wiedergeboren werden möchte. Er
fragt sie, ob sie ihm wieder das Leben schenken will. Ist sie einverstanden, darf er in ihrem Bauch wachsen, und sie bringt ihn
zur Welt. Ist sie nicht einverstanden, blutet sie zum Zeichen,
dass der Ahn sie wieder verlassen hat.[35]

Während Malinowski seinen vier Gastgebern durch den Urwald folgt, schnaubt er frustriert. Kann es möglich sein, dass diese Menschen nichts von geschlechtlicher Vermehrung wissen? Die Rolle des Vaters gibt es bei ihnen nicht. In der Tat übernimmt der Bruder der Mutter die soziale Funktion, die in Europa der leibliche Vater hat. Diesem haben die Trobriander eine gänzlich andere Rolle zugedacht. Er ist der Gespiele der Mutter, was fürs Herz und für schöne Stunden zu zweit. Aber – Himmel – mit dem Kinderkriegen hat er ganz und gar nichts zu tun.

Die vier Männer werden immer heiterer, je näher sie ihrem Ziel kommen. Der aus Polen stammende Forscher ist noch nicht so sattelfest in ihrer Sprache, um all ihre Worte zu verstehen, aber dass sie sich über ihn lustig machen, so viel ist klar. Schließlich machen sie an einer baufälligen Hütte halt, die offenbar höchst absichtsvoll abseits von der Dorfgemeinschaft errichtet worden ist.

„Tilapo'i!", prustet einer der Männer los. Nun können sich auch die anderen nicht mehr halten. Eine alte, runzlige und äußerst missgestaltete Frau kommt aus der Hütte gehumpelt. Sie hebt drohend ihren Stock und beschimpft die lachenden Männer. „Hab' Sex mit Tilapo'i", ruft einer der Männer seinem Freund zu, der ihn dafür heftig in die Rippen knufft. Die Alte macht eine Bewegung, als müsse sie lästige Schmeißfliegen verscheuchen, und verdreht die Augen in ihrem missgestalteten Gesicht.

Immer noch von Herzen lachend blicken die vier Insulaner auf ihren europäischen Gast. Der weiße Forscher hat offenbar nichts verstanden und sieht ratlos in die Runde. Als das homerische Gelächter endlich abebbt, erklärt der älteste der Männer, während er sich Tränen der Heiterkeit aus dem Gesicht wischt: „Wenn deine Geschichte stimmt, und Kinder entstehen nur durch Geschlechtsverkehr, dann müsste jemand mit Tilapo'i …!" Er bricht wieder in hemmungsloses Lachen aus. Ein anderer Krieger greift hilfreich ein: „Tilapo'i hat ein Kind", erklärt er und hebt vielsagend die Augenbrauen. Wieder röhren alle vor Lachen. Langsam versteht Malinowski. „Hab' Sex mit Tilapo'i" ist ein geflügeltes Wort bei den Insulanern – wenn man jemandem besondere Peinlichkeit an den Hals wünscht. Und nun erkennt er auch, was ihm seine Freunde sagen wollen. Niemand würde freiwillig mit Tilapo'i – also woher hat sie ihr Kind?

Scheiterte schon Malinowski hoffnungslos dabei, seine trobriandrischen Freunde von der Funktion des Geschlechtsaktes zu überzeugen, um wie viel schwerer muss es Mutter Natur gefallen sein, den Mann auf seine Vaterrolle einzuschwören. Anders als bei der Frau, bei welcher ein vorhandener Instinkt – der Mutterinstinkt – lediglich ausgebaut und verfeinert werden musste, konnte beim Mann auf ein solches Substrat nicht zurückgegriffen werden. Einen Vaterinstinkt gibt es im ganzen Reich der Säugetiere, wenn überhaupt, dann nur sehr rudimentär.

Während im Reich der Vögel die Paradeväter der Superlative einander wechselseitig den Rang ablaufen, wie z. B. der Kaiserpinguin, der monatelang bei Sturm, Kälte und Finsternis sein Ei bebrütet, ohne selbst Futter aufzunehmen, bis die Mutter wiederkommt und ihm das Ei abnimmt, erzeugt das männliche Säugetier meist Chaos und Verwirrung in der Kinderstube. Das Erscheinen von Vater Bär ist für Mutter und Kinder der schlimmste Albtraum. Lässt sich eine Begegnung entgegen aller mütterlichen Vorsicht nicht verhindern, verspeist der Herr Erzeuger seinen Nachwuchs, ohne mit der Wimper zu zucken. Die harmloseren unter den Säugetiervätern sorgen wenigstens für Zucht und Ordnung im Revier und achten darauf, dass kein Nebenbuhler die Nachkommen frisst. Die meisten Säugerväter ignorieren schlichtweg ihre Kinder. Dass Bambi, frisch verwaist, von seinem Vater unter die Fittiche genommen wird, gehört ins Reich der Märchen.

Bei unseren nächsten Verwandten, den Menschenaffen, reagiert ein Männchen, das mit einem Weibchen Sex hatte, immerhin mit gewisser Aggressionshemmung ihr gegenüber. Selten sind allgemeine Interaktionen von Männchen und Jungtieren in der Gruppe zu beobachten. So dürfen die Jungtiere fallweise auf besonders geduldigen Männchen klettern und herumturnen. Fürsorge ist jedoch nicht im Mindesten gegeben. Sobald die Aufmerksamkeit des Männchens durch typisch männliche Aufgaben – wie das Erscheinen eines Rivalen – gefordert wird, fliegt das Kind wie ein Fetzen Stoff zur Seite. Die Mutter alleine traut sich dem Tobenden entgegenzutreten und wird nicht selten beim Versuch, ihr Kind vor den rasenden Affenmännern in Sicherheit zu bringen, selbst schwer verletzt.[36]

Auf Mallorca beobachte ich von meinem Liegestuhl aus, wie ein junger Vater seinen Säugling liebkost. Er steht mit ihm unter einem Schirm, der ausladend Schatten spendet, fächelt ihm Luft zu, gurrt leise liebevolle Töne und bewegt sich rhythmisch hin und her. Die Handvoll Wicht saugt hingebungsvoll an seinen Fingern und kuschelt sich an Papas breite Schulter.

Daneben, in der Sonne ausgestreckt, liegt die Mutter auf ihrem bunten Badetuch, selig schlummernd. Ich bin eindeutig in die falsche Generation hineingeboren!

Wie, frage ich mich, hat die Natur das zuwege gebracht? Wie hat sie aus einem derben, rücksichtslosen Raubaffen, der nicht den geringsten Beschützerinstinkt vorzuweisen hat, ein derart liebesfähiges Vaterwesen geschaffen, das im Verhalten einem brütenden und behütenden Vogelvater ähnlicher ist als seinen nächsten haarigen Verwandten?

Wie gesagt, die Natur kann Neues nicht einfach aus dem Hut zaubern. Unser Körperbau verrät das übliche evolutive Procedere, das aus einer Torpedoform eines ursprünglich im Wasser lebenden Tieres eine Brückenkonstruktion zu basteln hatte, welche dann später zu einer Turmstruktur aufgerichtet

47

werden musste – mit allen Nachteilen, die aus medizinischer Sicht mit diesem evolutiven Pfusch verbunden waren: von Schwindelanfälligkeit über Bandscheibenvorfälle bis zu Hämorrhoiden, Krampfadern und diversen Knie- und Fußleiden. So muss auch bei erforderlichen Verhaltensänderungen auf eine bestehende Grundlage zurückgegriffen werden. Im Fall des männlichen Raubaffen verblieb lediglich eine einzige verlässliche Schiene zwischenmenschlichen Interesses: die Sexualität.

Immerhin bestand auch schon ein wenig Affinität des männlichen Affen gegenüber jenen Weibchen, mit welchen er Sex gehabt hatte, wenn auch lediglich auf dem dürftigen Niveau der Frage „Wer gehört zur Gruppe?" Diese Frage hatte einen evolutionsbiologischen Hintergrund: „Wessen Kinder sind eventuell mit mir verwandt und sollten aus diesem Grund nicht totgebissen werden?"

Das Problem, das sich auftat, war, dass männliche Affen an Weibchen ausschließlich dann intensives Interesse zeigen, wenn diese im Östrus, also paarungsbereit, sind. Bei weiblichen Affen ist die fruchtbare Phase im Zyklus sehr deutlich zu sehen. So schwillt die Haut um die Vagina polsterartig an, meist verbunden mit einer intensiveren Färbung und starkem Geruch. Männliche Affen sind auf dieses Bild geprägt. Ist dieses am Hinterende einer Artgenossin zu sehen, beginnen das Rittern und die Kämpfe um die Gunst der Brünstigen.

In der Schimpansengruppe ist individuelle Partnerwahl selten und geht zumeist vom Weibchen aus. Der Alpha und Chef der Gruppe hat seinen hohen Rang vor allem deshalb, um als erster Zugang zu den Weibchen zu bekommen. In seiner Gegenwart darf kein anderes Männchen den brünstigen Weibchen nahekommen, wenn es nicht den geballten Zorn des Gruppenanführers zu spüren bekommen will.

Der holländische Verhaltensforscher Frans de Waal, Leiter des Zoos in Arnhem, beschreibt in seinem Buch „Wilde Diplomaten" die Allianz zwischen den Schimpansen Yeroen und

Nicki, eigentlich Beta- und Gamma-Tier der Gruppe, welche Luit, den eigentlichen Alpha und Liebling der Weibchen, durch eine „Koalition" aushebeln. In der Zeit des Östrus tun sich die beiden recht schwer, dem jeweils anderen eine Kopulation zu überlassen. Immer wieder kommt es dazu, dass einer der beiden Anführer der Gruppe eine wilde Attacke gegen ein kopulierendes Paar reitet, nur um sich im letzten Moment einzubremsen, weil er erkennen muss, dass der jeweilige Koalitionspartner gerade am Werk ist.[37] Weibchen haben ihre eigenen Strategien. Zum einen kopulieren sie mit so vielen Männchen wie möglich. Sex beruhigt die männliche Aggression, und diese gilt es auszuschalten, wenn man in Frieden seine Jungen großziehen will. Zum anderen haben Weibchen auch ihre Favoriten, und diese sind häufig nicht das Alphatier. Der Anführer würde aber jede Kopulation mit einem Männchen niederen Ranges zu stören trachten. Daher greifen die Weibchen auf eine List zurück. In freier Wildbahn gehen sie auf sogenannte „Paarungsausflüge". Noch bevor sie im Östrus sind und der Alpha beginnt, sie (respektive ihr Hinterteil) zu bewachen, verlassen sie mit dem Männchen ihrer Wahl die Gruppe. Mit diesem verbringen sie Flitterwochen abseits des Familienverbandes, was insofern ein Risiko darstellt, als die Gruppe guten Schutz vor Raubtieren bietet. Dennoch ist es den Aufwand wert, denn auf diese Weise ist die Vaterschaft des Auserwählten sichergestellt. Nach Abschwellung der Gesäßschwielen kehrt das Weibchen mit seinem Liebhaber in die Gruppe zurück, unbehelligt vom Patriarchen. Diese zarten Beginne der Paarbildung leiden natürlich unter der deutlich sichtbaren Gesäßschwellung. So hält die Partnerschaft nicht über die Dauer des Paarungsausfluges hinaus. Vor allem das Männchen ist ständig auf der Suche nach der nächsten Schwellung, und deren Attraktion überwiegt bei weitem das Interesse an einer Beziehung zu einem individuellen Weibchen.

Um eine Paarbindung überhaupt zu ermöglichen, mussten die äußeren Zeichen der Empfängnisbereitschaft am Weibchen verschwinden. So geschehen beim Homo sapiens, welcher die einzige Primatenart ist, bei welcher es keine sichtbaren Zeichen des Östrus mehr gibt. Des Weiteren ist die Menschenfrau das ganze Jahr über fruchtbar, wenn sie nicht gerade schwanger ist. Auf diese Weise wurde listig der Instinkt der Männer ausgehebelt. Wenn eine Befruchtung prinzipiell ständig möglich ist, müssen Nebenbuhler das ganze Jahr über von der Auserwählten ferngehalten werden. Erweist sich diese dann auch noch ständig kopulationsbereit, kann auch der männliche Primat für eine fixe Beziehung begeistert werden.

Die Hypersexualisierung des Menschen ist sicherlich einer der schlausten Schachzüge im Dienste der Paarbindung. Menschen haben häufiger Sex als ihre haarigen Vettern und sind nicht mehr gebunden an Jahreszeiten und Paarungssaisonen.[38] Im Zuge dessen konnten die Hormonausschüttungen bei der Kopulation mit intensiven Gefühlen des Wohlbefindens befrachtet werden. Das Ocytocin, ein Hormon, welches den Orgasmus begleitet, gilt als das Beziehungshormon schlechthin. Es dient der Bindung der Mutter an ihr Kind, weil es bei der Dehnung der Gebärmutter während der Geburt ebenso ausgeschüttet wird wie beim Vorgang des Stillens. Beim Geschlechtsakt verhilft es den Partnern dazu, den Anblick des Anderen mit äußerstem Wohlbefinden zu assoziieren. Dementsprechend findet eine regelrechte emotionale Prägung statt, die, laut dem berühmten britischen Verhaltensforscher Desmond Morris, dadurch noch intensiviert wurde, dass Menschen Bauch an Bauch kopulieren, sich beim Orgasmus daher in die Augen sehen können.[39]

Einem weiteren Hormon hingegen musste regelrecht der Hahn abgedreht werden: dem Testosteron. Im Reich der Vögel, in welchem die Paarbindung die längste Tradition besitzt, ist dies schon lange Usus. Hohe Testosteronwerte sind zwar unerlässlich für die Zeit der Balz. Sie motivieren das Umwerben zukünftiger potenzieller Partnerinnen sowie die Revierkämpfe, setzen Hemmschwellen herunter und erhöhen die Risikobereitschaft – aber sie bringen die Paarbeziehung aus dem Gleichgewicht, und auch die Arbeit am Nest bzw. die Brutpflege wird durch hohe Testosteronwerte empfindlich gestört.

Vielfach wurde dies durch Experimente bestätigt. Einem frisch verpaarten Taubenmännchen, das sich bereits im Nestbau befand, wurde Testosteron injiziert. Sofort wurde das erwählte Weibchen mitsamt dem Nest und dem inzwischen darin befindlichen Ei verlassen und wild flatternd das nächstbeste Weibchen umworben.

Ähnlich wie im Reich der Vögel wurde dem Homo sapiens zunächst eine lange Werbephase eingeräumt, welche in der Tat sehr an das Balzverhalten unserer gefiederten Freunde erinnert. Es wird geturtelt und gegurrt, Elemente des Nestbaus und der Brutpflege haben darin Einzug gefunden. So ist der Zungenkuss eine Ableitung aus dem Fütterkuss bei Naturvölkern, welche, ohne die Segnungen von pürierter Babynahrung im Glas aus dem Supermarkt, dem Kleinkind Nahrung vorkauen und in den Mund spucken.[40] Beobachtet man verliebte Pärchen, ist augenfällig, dass der Umgang miteinander dem Umgang von Eltern mit kleinen Kindern nicht unähnlich ist. Die Stimme ist zart und hoch, die Worte meist sinnlos, aber liebevoll, die Zuwendung intensiv und exklusiv, die Gesten beschützend und betreuend. Es wird gegenseitig gefüttert, geküsst, umarmt und unentwegt Zuneigung beteuert, ständig ist Körperkontakt vorhanden. Wie auch im Reich der Vögel soll offenbar dem Partner demonstriert werden, dass man emotional bestens für die Betreuung eines abhängigen Wesens gerüstet ist.

Und siehe da, auch beim Menschenmann wird der Testosteronhahn zugedreht, ist einmal die Beziehung zu einer Frau in die richtigen Bahnen gelenkt worden. Eine fixe Beziehung zu unterhalten, eine gemeinsame Wohnstätte einzurichten, sich auf gemeinsame Kinder einzustellen und schließlich diese gemeinsam zu betreuen und sie großzuziehen, würde von einem zu hohen Testosteronlevel behindert.

In der Tat ist in Langzeitbeziehungen oft zu beobachten, dass Männer zunehmend bequem werden, die Sportschuhe gegen Pantoffeln und den Sattel des Rennrades mit dem Fernsehsessel tauschen und auch anderweitig geringeren Unternehmungsgeist oder Begeisterungsfähigkeit zeigen. Frauen, die diesen Umstand bedauern, seien getröstet mit der Aussicht auf eine stabilere Beziehung und einen verlässlicheren Partner im Familienbetrieb. Instinktiv scheinen Frauen auch von jeher gespürt zu haben, dass hohe Testosteronwerte nicht mit einer fixen Partnerschaft vereinbar sind. So ist auch am männlichen Raubaffen im Dienste weiblicher Bedürfnisse die eine oder andere Veränderung vorgenommen worden. Anstatt die Drosselung der Testosteronzufuhr ausschließlich der Natur zu überlassen, warum nicht gleich von vornherein ein testosteronsparendes Modell auswählen?

Kindchenschema und Paarbindung

Erste Schritte auf dem Paar-Parkett

Als 16-jähriges Mädchen besuchte ich, wie viele andere gut-
bürgerliche Jugendliche im Wien der späten 70er Jahre, die
Tanzschule Willi Elmayer in der Bräunerstraße hinter der Spa-
nischen Hofreitschule. Die Idee dahinter war, nicht nur die
Grundschritte und Figuren der Standardtänze, die einem ge-
konnte Bewegungen auf der Tanzfläche diverser Ballsäle ermöglichen sollten, zu erlernen, sondern auch Benehmen im
Allgemeinen zu vermitteln. Dabei war es den Lehrern besonders wichtig, dass die Begegnungen zwischen den jungen Damen und Herren entsprechend der gesellschaftlichen Etikette
ablaufen sollten. Schon das Entree der Schüler und Schülerin-
nen in den Saal und die Wahl des Tanzpartners waren strengen
Benimmregeln unterworfen.

Die Etikette sah vor, dass die Damen in der Reihenfolge
ihres Eintreffens neben der Eingangstüre des Tanzsaales Auf-
stellung nehmen sollten. Die Herren hatten, ebenfalls in der
Reihenfolge ihres Eintreffens, die jeweils erste Dame hinter
der Türe aufzufordern. Soviel zur Theorie. In der Praxis sah
das so aus, dass sich nach einer Weile eine Traube beleibterer
Damen und solcher, deren Attraktivität aus anderen Gründen
nicht dem gängigen Schönheitsideal der Männer entsprach, an
der Türe des Tanzsaales bildete, und eine Horde Herren sich
dahinter in der Garderobe drängte, um irgendwelchen ah-
nungslosen oder auch tatsächlich bereits wohlerzogenen Herren den Vortritt zu lassen. Deren gab es wenige, und bevor die
Tanzlehrer aufmerksam wurden und dem unwürdigen Treiben
ein Ende setzen konnten, schlüpfte der eine oder andere Herr

todesmutig an der Gruppe der weniger begehrenswerten Damen vorbei, um rasch und unbemerkt eine dahinter wartende und für ihn offensichtlich attraktivere Dame aufzufordern.

Mich ärgerte zwar damals schon dieser Mangel an Begeisterung für das gute Benehmen, dennoch fehlte es mir an Selbstsicherheit, vielleicht befürchtete ich auch selbst, in der traurigen Runde verschmähter Damen stehenzubleiben. Besonders schlimm waren jene Tage, an denen es einen Damenüberschuss gab. Die Damen geringerer Attraktivität fanden dann zunächst gar keinen Partner. Nach einigen Tänzen sahen sich dann die grausam verschmähten Damen vor der peinlichen Aufgabe, andere Damen abzulösen, deren Herren sich bereits in unrühmlicher Weise an ihnen vorbeigeschwindelt hatten. Als eine dieser Damen mich abklatschen wollte, sagte mein Herr kalt: „Such' dir einen anderen" und beförderte sich und mich mit einer gekonnten Drehung aus der Gefahrenzone.

Diese Erfahrung hat in mir früh den Eindruck erweckt, dass man als Frau keine Chance einer Wahl hat, dass man froh sein muss, wenn man ein leidlich hübsches Gesicht und einen schlanken Körper hat, denn dann ist man den Männern „genehm" und wird von ihnen „erwählt". Dass es im wirklichen Leben genau verkehrt herum ist, sollte mir erst klar werden, als ich im Zuge meiner Doktorarbeit über den Einfluss des menschlichen Gesichtes auf die Partnerwahl zu recherchieren begann.

Damals stieß ich auf die brandneuen Forschungsergebnisse der Psychologin Monica Moore. Es sind zwar die Männer, die vordergründig den ersten Schritt tun: Sie sind es, die aufstehen, auf eine Frau, die sie nicht kennen, zugehen und diese ansprechen. Davor aber gibt es jede Menge nonverbaler Signale von Seiten der Frau, ohne welche ein Mann offenbar nicht gut beraten ist, den ersten Schritt zu wagen.

Frauen signalisieren ihr Interesse, angesprochen zu werden, zuerst sehr allgemein. Sie werfen „Rundumblicke", setzen sich in Szene, indem sie aufreizende Posen einnehmen, paradieren demonstrativ durch den Raum (auf die Toilette), werfen das Haar in den Nacken, präsentieren diesen seitlich, zeigen offene Handflächen und blicken dann kurz und „unauffällig" einzelne Männer an. Hat eine interessierte Frau jemanden gefunden, der optisch ihren Erwartungen entspricht, erhält dieser den „Darting Glance" – den „Wurfpfeil-Blick". Dieser wird bis zu drei Sekunden gehalten. Das so fixierte männliche Objekt hat damit die Lizenz zum Ansprechen erhalten.[41] Männer, die diese Signale abwarten, werden weniger oft abgewiesen als solche, die es ins Blaue hinein versuchen.

Die Beziehung – ein Kunstwerk?

Je weiter ich in die Forschung der Partnerwahl eintauchte, umso klarer wurde das Bild. Nicht der Mann wählt, die Frau gibt den Ton an, und zwar nicht bei der Anbahnung alleine, sondern auch bei der Festigung der Beziehung, der Arbeit an der jungen Beziehung und schließlich dem Führen der etablierten Beziehung. Dies erklärt wohl, warum für Frauen die Beziehung zumeist auch einen höheren Stellenwert besitzt als für Männer. Sie ist ein „Kunstwerk". Eine Freundin erzählte mir kürzlich, dass sie nach dem Scheitern ihrer letzten Beziehung weniger den Abgang des Partners bedauere, sondern vielmehr den Verlust des „Projekts Beziehung". Sie brachte damit sehr gut zum Ausdruck, wie gerne Frauen sich der Perfektionierung ihrer Paarbeziehung widmen.

Die Neurowissenschaftlerin und Psychiaterin Louann Brizendine[42], welche an der Medical School in San Francisco lehrt und die dortige „Women's and Teen Girls' Mood and Hormone Clinic" gegründet hat, sieht einen der ganz typischen Geschlechtsunterschiede darin, dass es Frauen beruhigt, über ihre Gefühle zu sprechen. Der Satz „Schatz, wir müssen über die Beziehung reden" treibt hingegen den meisten Männern den Angstschweiß auf die Stirn.

Die Empathie ist ein Sensorium, das es den meisten Frauen leichter macht, Beziehungsarbeit zu leisten. Seismographen gleich fühlen sie Erdbeben herannahen, welche eine Partnerschaft erschüttern könnten – oft schon lange bevor das für ihren männlichen Partner spürbar wird.

Diesem ist das häufig nicht nur unheimlich, ja vielfach wird er von Grauen gepackt – für ihn hört sie lediglich das Gras wachsen oder redet Gesundes krank. Er flüchtet regelrecht in Aktivitäten, in welchen er sich eher daheim fühlt. Es entsteht leicht der Eindruck, Männer würden klärenden Gesprächen aus dem Weg gehen wollen. Frauen, meint Brizendine, sind deshalb häufig enttäuscht von ihren Partnern und fühlen sich unverstanden und bei der Bewältigung von Problemen im Stich gelassen. Es ist ihnen nicht bewusst, dass Männer eine andere Ausstattung besitzen und lediglich deshalb eine andere Art der Wahrnehmung von Problemen haben.

Die rosa und hellblauen Fragebögen, welche langjährige Paare für mein Buch „Wie Frauen Männer gegen ihren Willen glücklich machen" ausfüllten, bestätigten diese Beobachtung. Bei der Frage, was das Wichtigste im Leben sei, zeigte sich bei Frauen ein deutlich höheres Interesse an der Partnerschaft im Besonderen und am Sozial-Integrativen im Allgemeinen. Bei Frauen waren die Spitzenreiter der Prioritäten im Leben das Wohlergehen der Familie, Gesundheit derselben und gegenseitige Wertschätzung. Auch Männern scheint das Wohlergehen der Familie ein Anliegen, viel häufiger als Frauen nannten Männer jedoch Prioritäten, die sie ausschließlich persönlich betrafen, wie Sport und Erfolg. Keine dieser beiden Antworten wurde auch nur von einer einzigen Frau genannt. Männer wie Frauen in unserer Studie wünschten sich eine Intensivierung der Beziehung, aber jeder auf seine eigene geschlechtsspezifische Art: Frauen wünschten sich mehr Zeit für gemeinsame

Unternehmungen, Männer – es darf geraten werden – richtig: mehr Sex.[43] Und wir wissen seit dem letzten Kapitel auch, warum. Schließlich sind Männer über diese Schiene zunächst in die Partnerschaft und in weiterer Folge in die Familie integriert worden.

Die Natur hatte offenbar aber nicht ausreichend Erfolg damit gehabt, den frisch verpaarten Raubaffenmann bei der familiären Stange zu halten, indem sie lediglich die Testosteronzufuhr herunterfuhr. Die Befriedigung seiner sexuellen Bedürfnisse banden ihn zwar besser an die Partnerin, bei einer emotional tragfähigen Beziehung zu ihr und in weiterer Folge zu einem Kind zeigten sich jedoch noch Reserven. Die neu gewonnene emotionale Feinabstimmung der Frauen hingegen war im Gegensatz dazu längst noch nicht ausgelastet mit der vermehrten Zuwendungsbereitschaft zu einem Kind. Frauen entwickelten ganz allgemein auch eine soziale Ader. Die Sensorien, einmal dergestalt verfeinert, konnten nicht beliebig an- und abgeschaltet werden. So ergab es sich, dass neben den Befindlichkeiten des Kindes auch die Gefühlsregungen anderer Gruppenmitglieder wahrgenommen wurden. Auf diese Weise wurde die gesamte Menschheit sozialer, eine Tatsache, die ebenfalls zum Überleben der Art Wesentliches beitrug.

Und dann geschah das Naheliegende: Wenn schon mehr Aufmerksamkeit bei Interaktionen jeglicher sozialer Art vorhanden war, warum nicht dieses Instrumentarium in den Dienst der Partnerschaft für die Integration und Sozialisierung eines etwas raubeinigeren Wesen stellen? Frauen fühlten sich offenbar bereits früh in der Stammesgeschichte aufgerufen, den von ihnen erwählten Partner durch besondere Zuwendung und Aufmerksamkeit an sich zu binden. Dies dürfte umso leichter zu bewerkstelligen gewesen zu sein, je gezielter der zukünftige Partner ausgewählt wurde. Kluge Frauen wählten von vornherein einen Mann, der sich binden ließ. Die Frauen in unserer Studie legten besonderen Wert auf emotionale Fähigkeiten bei ihrem Partner. Mehr als doppelt so viele Frauen wie Männer gaben die soziale Einstellung als besonders wichtig an. Auch Aufmerksamkeit und Einfühlungsvermögen waren Frauen an ihrem Partner sehr wichtig. Interessanterweise korrelierten diese Kriterien mit dem Glücksempfinden des Mannes in dieser Beziehung. Offenbar sind Männer, welche nach sozialen Fähigkeiten ausgesucht wurden, tatsächlich in ihrer Beziehung auch zufriedener. Männer legten bei der Wahl der Partnerin nicht so großen Wert auf das Einfühlungsvermögen und die soziale Einstellung, vielleicht auch deshalb, weil viele Frauen diese von Haus aus eher mitbringen. Männer waren diffuser in den Angaben ihrer Prioritäten bei ihrer Wahl, es fehlten auch nicht die Klassiker wie Attraktivität des Gesichtes und der Figur – Kriterien, die von Frauen als viel weniger wichtig angegeben wurden.

Bei der Auswertung der Fragebögen erwuchs allerdings der Verdacht, dass Männer gar nicht so genau wussten, wonach sie eigentlich suchten. Frauen zeigten sich treffsicherer bei ihren Angaben darüber, was in einer Beziehung wichtig ist und was bedeutungslos. All dies deutet darauf hin, dass Frauen es gewohnt sind, Entscheidungen zu treffen, was die Wahl des Partners anlangt – auch im Hinblick darauf, dass sie für das Funktionieren einer Beziehung mit demselben verantwortlich zeichnen werden.

Oblag es den Frauen, zu erkennen, wer sich nun tatsächlich als verlässlicher Partner und infolge auch als Familienvater eignen und wer den einsamen Ritt in den Sonnenuntergang dem Familienidyll vorziehen würde, war das Meiden von ungeeigneten Partnern im Vornherein eine vielversprechende Strategie.

Modell Raubaffe

Der Trend im Laufe der menschlichen Evolution belegt eindeutig: Das Modell grimmiger Raubaffe – die Braue finster, die Kinnlade schwer – blieb immer häufiger als Ladenhüter im Regal zurück. Gefragt waren von Haus aus testosteronsparende Modelle, Sonnyboys mit freundlichen, kindlichen Gesichtern. Eindeutig hat diese Präferenz im Gesicht des Homo sapiens seine Spuren hinterlassen. Die menschliche Art ist auf diese Weise optisch verkindlicht. Neotenie nennt das die Wissenschaft. Der Fachterminus bedeutet das Geschlechtsreifwerden einer Jugendform. Beim Menschen gab es bislang keine Erklärung für das Phänomen. Was tut das Testosteron mit dem Gesicht unserer Jungen in der Pubertät? Während Frauen ohne diesen Einfluss nur mäßiges Längenwachstum des Gesichtes gegenüber der Stirnpartie zeigen, wächst das männliche Gesicht deutlich in die Länge. Es entstehen Wülste: über den Augenbrauen, am Kinn. Der Kehlkopf wächst und die kindliche Stimme, welche den Frauen zeitlebens erhalten bleibt, wird bei Männern tief und kräftig. Ebenso verändert sich der Körper. Er wächst nicht nur in die Länge. Das Haar sprießt an allen erdenklichen Körperregionen. Der Körper wird groß, kantig, breit, robust, muskulös.

Parallel dazu verändert sich auch das Verhalten. Testosteron ist das Hormon der Aggressivität und der Sexualität. Wenn man Männern ihr Testosteron wegnimmt, so Louann Brizendine, indem man ihnen z. B. ein Anti-Testosteron-Medikament verabreicht, sinken das Aggressionsniveau und auch das sexuelle Interesse erheblich ab. Gibt man Frauen Testosteron, steigern sich ihr sexueller Appetit und manchmal auch ihre Streitlust, wobei Frauen ihre Aggressivität dennoch eher verbal ausleben. Männer geraten rascher in den körperlichen Modus, wenn sie sich ärgern. Und hier liegt der Kern des Problems. Zu viel Testosteron macht Männer unverträglich. Körperliche

Aggressivität, aber auch zu großes sexuelles Interesse, das dann häufig nicht ausschließlich innerhalb der Partnerschaft ausgelebt wird, sind No-Gos für jede Paarbeziehung.

Ein kindlicheres Gesicht bei der Partnerwahl zu bevorzugen, hat offenbar für die Spezies Homo sapiens insofern größten Erfolg gebracht, als dieses geringere Testosterondosen und damit größere soziale Verträglichkeit verspricht. Von Natur aus einfühlsame Männer waren leichter für eine exklusive Paarbeziehung zu begeistern. Die jungenhaften Gesichter wiesen sie als moderne Männer aus, testosteronsparend und sozial verträglich – und begeistern damit aus gutem Grund bereits über viele Millionen Jahre schon die partnersuchenden Frauen.

Der Verhaltensforscher Karl Grammer, Leiter des Institutes für Stadtethologie in Wien, zeigte anlässlich eines Festvortrages zum 80. Geburtstag des Gründervaters der Humanethologie, Irenäus Eibl-Eibesfeldt, eine interessante Computeranimation. Er ließ ein Gesicht zwischen zwei Polen, links „sehr weiblich" und rechts „sehr männlich", variieren, mit einem geschlechtslosen Wesen in der Mitte der Darstellung. Durch den Lauf zwischen den Polen war für den Betrachter die jeweilige Vermännlichung und Verweiblichung sehr anschaulich. Dann brachte Grammer die Darstellung unvermittelt rechts von der Mitte zu einem Stopp. Das Gesicht zeigte nun leichte Züge des Männlichen, weit entfernt jedoch vom extrem männlichen Pol. „So", sagte Grammer mit bedeutungsschwangerer Stimme, „und der wird geheiratet!"

In der Tat erfreuen sich nach wie vor kindlichere bzw. femininere Männergesichter größter Beliebtheit. Ein Blick nach Hollywood spricht mehr als tausend Worte. George Clooney, Brad Pitt, Johnny Depp, Tom Cruise, Leonardo DiCaprio und viele andere „neothene" Männergesichter versetzen als Liebhaber und Retter in der Not das weibliche Publikum in Entzücken. Arnold Schwarzenegger hingegen findet sich nicht in der Rolle des romantischen Loverboy, wenngleich er seinen

Kindern zuliebe als Kindergarten-Cop „einen auf emotional"
machen wollte. In Wahrheit ist er als Conan der Barbar und
vor allem als grausige Killermaschine Terminator in den Augen
der weiblichen Cineasten weitaus besser besetzt. Und selbst
ein Hybrid wie Sylvester Stallone, zwar mit Rehaugen und
Stupsnase auch irgendwie herzig, ist mit seinem Hals, der brei-
ter ist als der Kopf, als Boxer oder amoklaufender Ex-Marine
glaubwürdiger denn als Liebhaber.

Frauen haben diesen Trend gesetzt. Als „Chefinnen der Fir-
ma Beziehung" lag es in ihrer Verantwortung, den richtigen
Vater für die Familie auszuwählen. Mit weniger Testosteron im
Gepäck fiel es den Auserwählten offenbar leichter, sich an der
Seite ihrer Gefährtin als Partner und Familienvater zu bewäh-
ren. Dabei ist als Nebenprodukt die Art kindlicher geworden.
Auch körperlich haben sich Männer den Frauen angenähert.
Nachweislich sind sie in Relation zur Frau kleiner geworden
im Laufe der Evolution. Der körperliche Unterschied zwischen den Geschlechtern – der sogenannte Geschlechtsdimor-
phismus – ist rückläufig.

Dies ist eine interessante Parallele zum Tierreich, denn bei
paarbildenden Arten unterscheiden sich die Männchen kaum
mehr körperlich von den Weibchen. Schließlich haben sie
auch gemeinsame Aufgaben, da ist es nicht verwunderlich,
wenn beide dem bewährtesten Körperbautyp entsprechen.
Auch in anderer Weise ist der Mann verweiblicht. Moderne
Männer sind in der Lage, zu empfinden wie ihre Gefährtin, vor
allem dann, wenn es ihre Rolle verlangt.

Couvade, das Männerkindbett

„Omas Muster"

Hinter einem Berg von Bügelwäsche, der sich in bedrohlicher Neigung auf dem Esstisch türmt, dudelt der Fernseher. Während das Bügeleisen flink über Hemden und Shirts gleitet, gönne ich mir – zumindest auditorisch – die Sportnachrichten. Soeben wird Thomas Muster interviewt, Österreichs wohl bekanntester Tennisspieler, der immerhin, wenn auch nur kurzfristig, den Platz 1 der ATP-Weltrangliste innehatte. Meine Mutter ist ein glühender Fan von ihm und verfolgt nicht nur jedes seiner Matches aufgeregt am Bildschirm, sondern liest auch alles, was die Presse über ihn zu berichten weiß. Gnade demjenigen Reporter, der nicht in höchsten Tönen über Thomas Muster spricht; er zieht sich unweigerlich die unerbittliche Feindschaft der Oma zu. Und weil dem seit vielen Jahren schon so ist, heißt der Tenniscrack bei uns im Familienjargon „Omas Muster". Ich bin aus diesem Grunde auch bestens über ihn informiert, nicht nur über seine sportlichen Leistungen, sondern auch über die Ergüsse der Regenbogenpresse sein Privatleben betreffend. Da Thomas Muster ein medienpräsenter Mann ist, kenne ich, wie die meisten Österreicher, seinen charakteristischen Blondschopf, die für Leistungssportler vielfach typischen, hohlen Wangen und die hungrigen Augen des Kämpfers. Während das Bügeleisen geschäftig seinen Dienst versieht, erzählt Thomas Muster, dass er dabei ist, den Tennisschläger mit dem Golfschläger zu tauschen. Das ist mir neu und ich blicke von meiner Arbeit auf. Hinter dem immer noch nicht wahrnehmbar geschrumpften Wäscheberg erhasche ich einen Blick auf den Bildschirm – und erstarre. Das ist doch nicht Thomas Muster!? Das ist kein durchtrainierter Athlet, der hier mit dem Reporter spricht, das ist ein saturierter Banker! Doppelkinn und Wohlstandsränzlein zieren den einstigen Spitzensportler, doch das Insert ist eindeutig: Es ist Thomas Muster. Und dann muss ich plötzlich hellauf lachen. Couvade! Das ist es! Muster ist doch eben Vater geworden.

Männliche Schwangerschaftssymptome

In der Völkerkunde ist die Couvade ein schon lange bekanntes Phänomen. Zu Deutsch „Männerkindbett", kommt der Begriff aus dem Französischen und bedeutet „brüten". Der Vater in spe zeigt dabei Verhaltensweisen oder äußere Veränderungen, die an eine werdende Mutter erinnern. Vielfach muss sich der werdende Vater während der Schwangerschaft und Niederkunft seiner Frau bestimmten Ritualen unterwerfen, welche ihm die jeweilige Kultur vorschreibt.

Viele Völker haben derartige Rituale im Dienste des Männerkindbettes entwickelt, darunter süd-, aber auch nordamerikanische Indianer, viele afrikanische Völker, Inder, Basken, Chinesen und die Papua auf Neuguinea. Wenn bei den Papua beispielsweise die Schwangerschaft einer Frau feststeht, muss der Mann eine Hütte bauen, in welche er Kleidung und Essen bringt. Die Wochen und Monate vor der Geburt verbringt er alleine in der Hütte, ohne jeglichen Sozialkontakt. Während der Geburt muss er auf seinem Lager liegend Wehenschmerz nachvollziehen, bis die Frau seine Hütte betritt und ihm das Neugeborene überreicht.

Die Baskenmänner Nordspaniens und Südwestfrankreichs legen sich traditionell während des Vorgangs der Geburt ihres Kindes ins Bett und ahmen die Geburtswehen nach, sie klagen laut über Krämpfe und Schmerzen. Nach der Geburt bleibt der frischgebackene Vater mit dem Kind im Bett, um die Glückwünsche der Familie und der Nachbarn entgegenzunehmen, während sich die Frau um die Zubereitung des Essens kümmert.[44]

Befragt nach dem Sinn dieser Traditionen, wird von den meisten Völkern erklärt, dass der werdende Vater mit seinem Verhalten die bösen Geister vom eigentlichen Geschehen weglocken soll. Je lauter er schreit, umso verwirrter die Geister. Anthropologen und Völkerkundler erinnert dieser Brauch jedoch stark an die Initiationsriten, bei welchen Jungen zu Männern werden. Vater zu werden ist mindestens so ein einschneidendes Ereignis. Frauen, die Mütter wurden, wissen eines genau: Nachher ist alles anders. Warum sollte das bei werdenden Vätern nicht so sein?

Die Einstimmung auf die zukünftige Rolle wird auch in unserer Gesellschaft sehr ernst genommen, so ernst, dass es unter modernen Vätern in spe sogar zu einem sehr seltsamen Phänomen gekommen ist. Frischgebackene Mamas kennen das Problem: Nach der Schwangerschaft sind einige Kilo zu viel übrig geblieben. Die Lieblingshose, die ich mir ins Spital für „nachher" mitgenommen hatte, machte es zu meiner großen Enttäuschung eben mal zur Mitte der Oberschenkel. Die bewährten Umstandskleider hatten noch viele weitere Wochen nach der Geburt nicht ausgedient. Frauen fragt jedoch niemand nach dem Grund für den Speck um den Babybauch. „Du musst jetzt für zwei essen", raten die erfahrenen Freundinnen und die Familie – dass schwangere Frauen zunehmen, ist sozusagen Ehrensache. Ein weniger bekanntes Phänomen fristet im Schatten dieser natürlichen Vorkommnisse sein Dasein: Auch viele werdende Väter legen sich einen Speckvorrat zu. Die Bremer Psychologin und Geburtsvorbereiterin Ulrike Hauffe kannte das schon lange aus ihrer täglichen Praxis und wollte ihre Beobachtung durch harte Fakten untermauern. Sie wog ihre Probanden, 150 werdende Väter, zu Beginn der Schwangerschaft ihrer Partnerinnen und kurz vor der Entbindung ab und stellte fest, dass diese im Schnitt 4 kg zugenommen hatten.[45] Die meisten betroffenen Männer nehmen nicht einfach nur zu, sie zeigen auch sämtliche Symptome klassischer Schwangerschaftsbeschwerden. Wie werdende Mütter leiden sie unter Übelkeit, Sodbrennen und sogar Verstopfung, sie klagen über Kopfschmerzen oder Rückenprobleme, erleben Heißhungerattacken und entwickeln Depressionen. „Meine morgendliche Übelkeit begann früh im ersten Trimester", berichtet Joe, Vater einer fünf Monate alten Tochter. Während der Schwangerschaft seiner Frau nahm Joe 13 kg zu, entwickelte Vorlieben für bestimmte Speisen und litt unter Übelkeit und Schlaflosigkeit.[46]

„Männer mit Schwangerschaftsbeschwerden wurden von Medizinern lange als Hypochonder verlacht. Dabei ist das ‚Couvade-Syndrom' nicht einfach nur eine Neurose. Vielmehr zeigt sich bei den betroffenen Männern offenbar lediglich besonders stark, dass sich auch der männliche Körper auf die Geburt und das Dasein als Vater vorbereitet."[47]

Forscher konnten nachweisen, dass sich auch der Hormonhaushalt werdender Väter massiv wandelt. Und mit der Hormonumstellung kommen − wie auch bei den werdenden Müttern − die Beschwerden.[48] So finden sich Hormone, die man in einem männlichen Körper wohl kaum vermuten würde, wie das Stillhormon Prolaktin, das im weiblichen Körper unter anderem für die Milchproduktion zuständig ist. Die Konzentration von Prolaktin steigt vor der Geburt des Babys im Blut des Vaters drastisch an, um bis zu 20 % seines Normalwertes. Neben der Milchbildung löst dieses Hormon auch Brutpflegeverhalten aus. Die Natur stimmt demnach den werdenden Vater ebenso auf seine kommenden Aufgaben ein wie die Mutter. Auch steigt die Konzentration von Kortisol im Blut der Väter in spe. Das Stresshormon, das normalerweise nur bei großer Belastung ausgeschüttet wird, scheint prophylaktisch bereitgestellt zu werden, gilt es doch, auch den männlichen

Organismus auf eine große Aufgabe vorzubereiten. Ganz nebenbei wirkt Kortisol auch entzündungshemmend und schützt so den werdenden Vater ganz im Sinne der wichtigen bevorstehenden Aufgaben.

Und als wäre es damit nicht genug, wird außerdem ist die Ausschüttung der Östrogene, also weiblicher Sexualhormone, bei werdenden Vätern erhöht, was auch bei Männern zu bemutterndem Verhalten führen kann. Warum Männer vor ihrer Vaterschaft derartig weiblich gepolt werden, muss wohl daran liegen, dass die Natur auch von ihnen einen essentiellen Beitrag bei der Sorge um das Neugeborene erwartet. Zumindest aus Sicht der Biologie scheint dieses Ziel deutlich umrissen.

In der Psychologie geht man davon aus, dass manche Männer sich so sehr in die Situation und die Beschwerden der schwangeren Partnerin hineinversetzen, dass sie Symptome einer Scheinschwangerschaft entwickeln, weil sie sich aus übermächtiger Sympathie mit ihr identifizieren. Auch Gebärneid, so meinen andere Geisteswissenschaftler, könne ein möglicher Auslöser der männlichen Schwangerschaftssymptome sein. Es seien keine positiven Gefühle der Solidarität, sondern im Gegenteil der Missgunst, dass die Frau erleben darf, was dem Mann von Natur aus verwehrt bleibt, welche den werdenden Vater in das Korsett der Couvade zwingen. Dies wahrscheinlich, um ausgleichende Gerechtigkeit zu schaffen, da Frauen bekanntlich in jungen Jahren bereits vom Penisneid zerfressen werden.

Emotionen, Hormone und Pheromone

Emotionen können zwar ganz sicher gewaltige hormonelle Umstellungen bewirken, und die Einstellung zur Vaterrolle ist gewiss einer der ganz wesentlichen Faktoren für das Phänomen des Männerkindbetts. Die Natur hat aber bei dieser entscheidenden Entwicklung der Einbindung des Vaters in die Familie doch nicht alles der emotionalen Einstellung überlassen, sondern auch dem werdenden Vater chemische Hilfestellung zugedacht. Im Falle des Männerkindbetts deutet manches darauf hin, dass die Ursache für das Durcheinander der Hormone von bislang noch unvermuteter Seite an die Männer herangetragen wird: durch Pheromone, also durch Sexuallockstoffe der Frau.

Dieser Verdacht entwickelte sich aus der Beobachtung von Weißbüschelaffen. Die Neuroendokrinologin Toni Ziegler von der University of Wisconsin-Madison hat festgestellt, dass der Körper eines weiblichen Affen von Beginn der Schwangerschaft an Pheromone ausstößt, die über die Luft und über Körperflüssigkeiten den Körper des zugehörigen Männchens erreichen. Dort verändern die Botenstoffe dessen Hormonhaushalt auf eine Art und Weise, die stark dem ähnelt, was bei menschlichen Männern geschieht.[49] Die männlichen Affen werden daraufhin ruhiger, sie verzichten auf die Balz und üben sich stattdessen in der Brutpflege. Die Forscher konnten noch eine weitere Wirkung der weiblichen Sexuallockstoffe beobachten: Unter ihrem Einfluss nahmen die Männchen bis zur Geburt des Nachwuchses um rund 10 % ihres Körpergewichtes zu – und das, obwohl sie nicht mehr Nahrung zu sich nahmen als zuvor.

Weißbüschelaffen sind offenbar besonders empfänglich für hormonelle Botenstoffe, denn Ziegler konnte auch nachweisen, dass der Geruch der Affenkinder bei den Eltern fürsorgliches Verhalten auslöst.[50] Ob auch menschliche Eltern vom Geruch ihrer Kinder fürsorglich gestimmt werden, muss erst untersucht werden, der Einfluss weiblicher Hormone auf den Mann hingegen ist bereits nachgewiesen.

Bei einer Londoner Studie mit 282 werdenden Vätern wurden bei fast 80 % der Probanden Hormonveränderungen festgestellt. Offenbar hatten die weiblichen Sexuallockstoffe

(Pheromone), die über die Haut übertragen werden, entsprechende Veränderungen bei den Männern bewirkt. Das Forscherteam geht davon aus, dass der biologische Sinn dahinter das Auslösen eines fürsorglichen Verhaltens beim Vater ist. Die kanadische Psychologin Anne Storey hat bei Männern 30 Tage vor der Geburt die Ausschüttung der typisch weiblichen Geschlechtshormone Östrogen und Prolaktin nachgewiesen. Andererseits fiel der Spiegel des männlichen Hormons Testosteron, das allgemein für aggressives Verhalten verantwortlich gemacht wird. Anne Storey konnte auch zeigen, dass sich allein durch das Tragen des Babys auf dem Arm die Hormonkonstellation bei Männern ändert.[51]

Im Jahre 2002 sorgte ein stillender Mann aus Sri Lanka für Aufregung in der Weltpresse. Als seine Frau bei der Geburt von Zwillingen gestorben war, nahm sich der 38-jährige Vater fürsorglich seiner Kinder an. Um sie zu beruhigen, legte er sie an die Brust und war selbst höchst überrascht, als er feststellte, dass sich die Kinder dabei ganz offensichtlich nicht nur sehr wohl fühlten, sondern dass bei ihm die Milch einschoss.

Tatsächlich ist jeder Mensch rein körperlich dazu in der Lage, Milch zu produzieren – denn Brustdrüsen haben Frauen und Männer. Deren Existenz alleine reicht aber noch nicht, dass die Milch einschießt. Auslöser ist der äußere Reiz, also das Saugen des Babys an den Brustwarzen. Das lässt den Körper spezielle Hormone ausschütten, die wiederum die Milchproduktion ankurbeln. So funktioniert es bei Frauen – der ehrbare Berufsstand der Ammen lebte davon –, eine gewisse mentale Bereitschaft vorausgesetzt ganz offensichtlich auch bei einigen Männern. Doch daran scheint es bei vielen Vätern neuerdings auch nicht zu mangeln. Denn in Väter-Foren wird das Thema immer öfter diskutiert. Kein Wunder, ist ja die Mutter-Kind-Beziehung nicht nur auf Grund der Schwangerschaft, sondern auch wegen des Brustgebens besonders intensiv. Nicht wenige Väter wünschen sich das auch.

Hans-Peter Kapfhammer von der Klinik für Psychiatrie der Medizinischen Universität Graz fühlt dem Phänomen Couvade aus der Sicht des Psychiaters auf den Zahn. Entwickeln werdende Väter ein Couvade-Syndrom, dann sieht Kapfhammer darin keine natürliche Veränderung im Dienste einer wichtigen biologischen Aufgabe, sondern im Gegenteil Zeichen einer konfliktreichen Anpassung an die Schwangerschaft und an die künftige Vaterrolle. [52] Schuld an der Konfliktsituation des werdenden Vaters sind für Kapfhammer einerseits körperliche Prozesse wie die hormonelle Umstellung und auch die damit verbundenen psychischen Veränderungen, andererseits aber vor allem schwammige Rollendefinitionen von Mutter und Vater in unserer Gesellschaft. Traditionelle Aufgabenverteilungen sind einem modernen Bedürfnis nach Selbstverwirklichung gewichen, ohne die Rolle der Mutter oder des Vaters nachdrücklich neu zu definieren. So sehr wir über traditionelle Rollenvorstellungen wettern und sie verdammen mögen, einen Vorteil hatten sie: Sie gaben Sicherheit. Mann und Frau wussten aus der Tradition, was sie zu tun hatten.

Bei einem verhaltensplastischen Wesen wie dem Menschen ergibt sich das Problem, dass es anhand von Vorbildern lernen muss. Es gibt nur mehr wenige Instinkte, die eine Mutterrolle anleiten würden, und gar noch viel weniger die Vaterrolle. Die fehlenden Rollenvorbilder für Väter in der Gesellschaft sind eine direkte Folge der fehlenden Väter in der Erziehung der letzten Generationen, was es modernen Vätern, die ihre Rolle ernsthaft gestalten und angehen wollen, besonders schwer macht.

Der Grazer Psychiater macht die fehlende Beziehung zum eigenen Vater in der Kindheit als Risikofaktor für die Entwicklung eines Couvade-Syndroms verantwortlich. Mehr männliche Rollenvorbilder in der Entwicklung der jungen Männer, das hat Steve Biddulph, ein australischer Familienpsychologe, schon vor Jahren gefordert. „Jungen! Wie sie glücklich heranwachsen", ist eines seiner bekanntesten Werke.[53]

Die komplexe Vater-Kind-Beziehung wurde bisher allerdings hauptsächlich aus der Perspektive des Kindes beschrieben. Dadurch wurden die fördernden oder destabilisierenden Einflüsse auf den Vater von den Forschern kaum wahrgenommen. Ebenso scheint es ganz allgemein aus der Mode zu kommen, das menschliche Wesen als ein Produkt aus seinen individuellen Erfahrungen und seinen biologischen Wurzeln zu sehen. Dabei ist das eine mit dem anderen verwoben wie Kette und Schluss bei einem Teppich. Die Vorgänge in unserem Inneren können nur verstanden werden, wenn man ihr Wirkungsgefüge kennt und ihre wechselseitige Abhängigkeit akzeptiert.

Psychosomatisch – Seele und Körper

Ein Teufelskreis aus Schmerzen

Mühsam schleppt sich der Patient, schwer auf seine Krücken gestützt, in den Untersuchungsraum. Kaum schafft er es, sich auf die Untersuchungsliege zu setzen, stöhnt dabei abgrundtief und verzieht mitleiderregend das Gesicht. Eilfertig ist seine Frau zur Stelle, um ihm beim Ausziehen behilflich zu sein. Sie kniet vor ihm, schnürt seine Schuhe auf und hilft ihm, die Hosen auszuziehen.

Mein Chef, Wolfgang Soukop, Facharzt für Neurologie und Psychiatrie und Herr über das Neurologische Psychiatrische Zentrum Belvedere in Wien sowie das Institut für forensische Neuropsychiatrie, in welchem meine Wenigkeit Beschäftigung gefunden hat, unterzieht inzwischen die von dem Patienten mitgebrachten Röntgenbilder der Wirbelsäule einer kritischen Betrachtung. „Neurologisch völlig unauffällig, das bestätigt meine Vermutung. Sie haben gar nichts", sagt er zu dem Patienten, „ganz schlecht ist es für Ihre Haltung, dass Sie Krücken benützen, das ist völlig unnötig!" Der Patient wird daraufhin zornesrot und – wie wir es im Fachjargon nennen – affektinkontinent. Er schreit los: „Ich habe Schmerzen! Warum glaubt mir das niemand?!"

„Sie sollten ein psychosomatisches Zentrum aufsuchen und eine Verhaltenstherapie machen", spricht der Primarius unbeirrt weiter, gewöhnt an plötzliche Impulsdurchbrüche seiner Patienten. „Das Zentrum für seelische Gesundheit in Klagenfurt z. B. oder die verhaltensmedizinische Schmerzambulanz des Professor Aigner im Allgemeinen Krankenhaus würde ich Ihnen empfehlen."

71

„Ich bin nicht deppert!" Der Patient ist in seiner Erregung aufgesprungen, ganz auf seine Krücken vergessend, von denen eine polternd zu Boden geht. Rasch hebt seine Ehefrau dieselbe auf. Sie ist ganz ruhig und scheint einsichtiger zu sein als ihr Mann. Während der Chef im Hintergrund lautstark mit den Patienten diskutiert, versuche ich der begleitenden Ehefrau unsere Sicht zu erklären. Schmerzen müssen nicht immer körperliche Ursache haben. Das Gehirn ist durchaus in der Lage, Schmerzen zu melden, wo längst keine mehr sein sollten. So ist es zu verstehen, dass die Verletzung der Wirbelsäule organisch längst ausgeheilt ist, de facto gar nicht mehr wehtun dürfte, und der Patient trotzdem unerträgliche Schmerzen leidet. Deshalb ist man nicht verrückt, Nerven sind nur keine Einbahnstraßen, und so passiert es, dass die Schmerzproduktion aus einer ganz anderen Richtung kommt als vermutet. Die Verhaltenstherapie ist notwendig, um den Teufelskreis der Fixierung auf die Schmerzen zu unterbrechen.

„Die Krücken machen alles nur noch schlimmer", erklärt der Chef abermals dem nun schmollenden Patienten, der sich inzwischen seiner leidenden Rolle besonnen und wieder auf der Liege Platz genommen hat. „Durch die Schonung bekommen Sie eine unnatürliche Haltung und diese könnte dann tatsächlich sekundäre Schmerzen verursachen."

„Niemand hält Ihren Mann für verrückt", erkläre ich der Ehefrau, „die Schmerzen erlebt er zweifellos ganz real. Aber eine orthopädische Behandlung wird nicht helfen, weil die Schmerzen keine körperliche Ursache mehr haben." Die Frau nickt, sie hat verstanden und nimmt die Adresse des Reha-Zentrums entgegen, die mein Chef ihr überreicht. Hinter ihr gibt ihr Mann unaufhörlich gereizte und verbitterte Äußerungen von sich.

„Es ist Ihr Leben", sagt der Chef jetzt zu der Frau gewandt, „Sie leiden mit, und Ihr Mann hat dabei körperlich gar keine

Krankheit mehr." Die Frau verabschiedet sich und folgt ihrem aufgebrachten Mann, der wutschnaubend und demonstrativ auf seine Krücken gestützt, erbarmungswürdig humpelnd, den Untersuchungsraum verlässt. Vielleicht schafft sie es ja, ihn zu überzeugen, hoffe ich bei mir.

„Typisch ist für derartige Somatisierungsstörungen, dass morphinhaltige Medikamente nicht ansprechen", erklärt mir der Chef, als sich die Türe des Untersuchungsraumes geschlossen hat, „die Patienten sind meist überbehandelt, laufen von Pontius zu Pilatus und entwickeln darüber hinaus meist auch noch eine Verbitterungsstörung, weil ihnen naturgemäß keiner helfen kann. Die einzige Möglichkeit besteht darin, den Kreislauf zu durchbrechen, indem sich der Patient in Verhaltenstherapie begibt. Dort lernt er, Schmerzen zu abstrahieren. In vielen Fällen fehlt es aber leider an Krankheitseinsicht."

„Der Patient hat nicht verstanden, worum es dir ging", antworte ich, „die wenigsten haben eine Vorstellung davon, wie eng die Psyche und das neurologische Substrat, das Nervensystem, verwoben sind. Der Patient dachte, du hältst ihn für einen Irren, der sich etwas einbildet." Der Chef lacht und streicht mit flinken Fingern seinen weißen Mantel glatt: „In diesem Fall kommt auch noch ein nicht unbeträchtlicher Krankheitsgewinn dazu. Hast du gesehen, wie sehr die Ehefrau damit beschäftigt war, ihn an- und auszukleiden?"

Von Krankheitsgewinn spricht der Psychiater, wenn der Patient von seiner Erkrankung Vorteile hat. Somatisierung, das heißt Entwicklung von körperlichen Beschwerden aus psychischen Gründen, hat für den Patienten oft nicht nur Nachteile. Zunächst ist Schmerz nicht selten ein Mittel, um zu psychischer Stabilität zu gelangen, lenkt dieser doch von vielleicht gravierenderen – aber weniger vordringlich Schmerz bereitenden – emotionalen Problemen ab, wie oft weit in der Kindheit zurückliegenden Traumata. Auf der anderen Seite bringt chronischer Schmerz auch Zuwendung durch die Umgebung.

Die Verhaltenstherapie wird deshalb oft vehement abgelehnt. Ein Klassiker sind die sogenannten Ganzkörperschmerzen oder das Fibromyalgiesyndrom. Es gibt kein organisches Substrat dafür, aber die Patienten leiden anhaltende Schmerzen am ganzen Körper. Häufig entwickelt sich aus einer ehemals tatsächlichen körperlichen Schmerzquelle, z. B. nach einem Unfall, eine Schmerzstörung, weil der Patient seine Rolle als leidendes Opfer unbewusst aufrechterhalten will. Oft sind es Arbeitsunfälle, welche die Angst produzieren, an den Arbeitsplatz zurückzukehren und wieder ähnliche Schrecken zu erleben, die schließlich zu Schonhaltung, Verspannung und sekundären körperlichen Schmerzen führt. Diese belasten dann wieder die Psyche, stören den Schlaf und den Lebensrhythmus, wodurch der Patient sich auf die Schmerzen fixiert. Verbitterung entsteht durch den Eindruck, dass die Ärzte nicht helfen können oder wollen. Es entwickelt sich, wie der Psychiater sagt, eine dysthyme, also eine dauerhaft depressive Daseinsform. Es kommt zu einer Persönlichkeitsänderung. Ein Mensch, der früher lebenslustig und unternehmend war, kann aufgrund einer solchen Entwicklung griesgrämig und menschenscheu werden.

Neurologie und Psychiatrie wurden bis vor kurzem nicht von ungefähr gemeinsam studiert. In keinem medizinischen Fachgebiet ist es derart evident, wie sehr Körper und Seele miteinander interagieren. Vielfach wissen die Patienten selbst auch darüber Bescheid. Fragt man sie, ob ihrer Meinung nach die Schmerzen die psychische Störung bedingen oder umgekehrt, ob bei Seelenleid die Schmerzen zunehmen, antworten viele, dass eine wechselseitige Beeinflussung bestehe – seelisches Leid und Schmerzen würden einander aufschaukeln. Aufgrund eigener Beobachtungen hatte ich schon lange den Eindruck, dass Frauen der Einfluss ihrer Psyche auf ihre körperliche Befindlichkeit mehr einleuchtet als Männern.

Auf dem Weg in die Depression

Männer definieren sich gerne über ihre Tätigkeit. Vor allem die älteren Generationen erhalten ihr Selbstverständnis über das Geld, das sie für die Familie verdienten. Der Verlust der Arbeit führt bei ihnen jedoch in erster Linie zu körperlichen Beschwerden. Meist sind es jene Beschwerden, die zum Verlust der Arbeit geführt haben. Einmal abseits der regelmäßigen Beschäftigung scheint der Körper plötzlich jeglichen Zusammenhalt zu verlieren, und Schmerzen, die früher gar nicht beachtet wurden, rücken ins Zentrum des Interesses und werden zum Lebensinhalt. Dabei übersehen Männer häufiger als Frauen, dass auch die Seele darunter leidet, nicht mehr gebraucht zu werden, zum Sozialfall abgestempelt zu sein und finanziell der Familie und der Gesellschaft zur Last zu fallen.

Der 50-jährige Maurer streckt mir sein zertrümmertes Handgelenk entgegen. Es ist schief zusammengewachsen, steif und bereitet ständige Schmerzen. Diese sind aber ganz offensichtlich nicht rein körperlich. Tränen rinnen ihm über die Wangen, während er schildert, wie er bei Bewerbungsgesprächen verlacht wurde: „Was willst du, Alter? Geh weg, Alter!" Sein Sohn baut gerade ein Haus. Er als gelernter Maurer will mitarbeiten. „Setz' dich, Papa, was willst du denn helfen, du kannst doch nichts mehr."

„Ich bin alt und deppert, niemand kann mich brauchen, ich habe früher gearbeitet für vier Männer!" Der hünenhafte Bauarbeiter bricht ab mit tränenerstickter Stimme. Es ist ihm anzusehen, wie kräftig er früher einmal gewesen sein muss. Nun haben ihn Kreuzschmerzen in die Knie gezwungen. „Nur mehr leichte Arbeiten", steht im Leistungskalkül. „Ich bin Hilfsarbeiter, wo gibt es da am Bau leichte Arbeiten?"

Tränen der Kränkung und Demütigung, gebrochen ist der Stolz – und das Herz. Aber fragt man nach, ob psychische Probleme bestünden, wird das entrüstet zurückgewiesen. Ein

Zimmermann aus dem Kosovo bringt es auf den Punkt: „Mein Vater hat immer gesagt: Männer haben keine psychischen Probleme!" Depressionen äußern sich bei Männern häufig anders als bei Frauen. Sie verbergen ihre Trauer öfter, bewältigen diese auf andere Art und erhalten vom Arzt, wenn sie diesen überhaupt aufsuchen, daher oft eine falsche Diagnose. Hierzulande ist das Krankheitsbild der männlichen Depression noch Neuland, während im angloamerikanischen Sprachraum der Begriff „Male Depression" bereits als wissenschaftlicher Terminus bekannt ist.

Laut Statistik erkranken doppelt bis dreimal so viele Frauen an Depressionen, bei der Selbstmordrate allerdings verhält es sich genau umgekehrt.[54] Männer stellen auch 70 % aller Alkoholiker – und Alkohol wird häufig „ob seiner pharmakologischen Wirkung missbraucht", wie es in der Psychiatrie heißt. Das heißt, Alkohol nimmt psychischen Druck, lindert vorübergehend seelischen Schmerz. Diese Zahlen lassen vermuten, dass Männer ebenso an Depressionen leiden wie Frauen, nur die Symptome sind offenbar verschieden. Während bei der weiblichen Depression typische Merkmale wie Niedergeschlagenheit, sozialer Rückzug und Antriebslosigkeit vorherrschen – ganz charakteristisch sind morgendliche Anlaufschwierigkeiten, Verlust des Selbstwertgefühls und des Selbstvertrauens –, entwickeln Männer häufig bei starkem innerem Druck für ihre bisherige Persönlichkeit uncharakteristische Merkmale. Sie beschreiben sich als launisch und leicht reizbar, sie verlieren leicht die Beherrschung, gehen Risiken ein – z. B. im Straßenverkehr –, sind aggressiv oder gar gewalttätig gegen die Familie und ertragen keinerlei Stress. Auf diese „verborgenen Depressionen" reagieren Männer dann häufig mit übermäßigem Konsum legaler und illegaler Drogen, stürzen sich in exzessive sportliche Aktivitäten, wahllose sexuelle Abenteuer oder planlosen Aktionismus in der Arbeit, werden zum „Workaholic".

Geht ein betroffener Mann zum Arzt, stehen dann zumeist die körperlichen Beschwerden wie Schlafstörungen und physische Erschöpfungszustände im Vordergrund. Ein Psychiater würde eine Neurose oder eine Persönlichkeitsstörung diagnostizieren, nicht jedoch eine Depression, da in der Tat vordergründig keines der klassischen Symptome einer solchen erfüllt ist. Unbehandelte Depressionen führen jedoch in 10 % der Fälle zur Selbsttötung. Das Leiden der Betroffenen und deren Angehöriger ist unermesslich, daher ist es das Desiderat der Stunde, sowohl bei der Diagnose als auch bei der Therapie das Geschlecht des Patienten zu berücksichtigen.

Anfang der 1990er Jahre machte der Psychiater Wolfgang Rutz erstmals auf dieses Phänomen aufmerksam. Er konnte durch ein Präventionsprogramm auf der schwedischen Insel Gotland die Selbsttötungsrate der Frauen um 90 % senken. Die Anzahl der Suizide unter Männern aber blieb unverändert. Rutz und seine Mitarbeiter erkannten, dass depressive und suizidgefährdete Männer vom Programm gar nicht erfasst wurden, da sich die Krankheit bei diesen anders äußerte als bei Frauen. Rutz und sein Team prägten daraufhin den Begriff der „männlichen Depression" und entwickelten die „Gotland Scale of Male Depression", womit die Depressionen bei Männern erkannt werden können.[55]

Das IPVT – Institut für Psychosomatik und Verhaltenstherapie in Graz – hat eine Checkliste erarbeitet, wonach Männer eine für sie geschlechtstypische Depression erkennen können:[56]

- Ich betreibe exzessiv Sport
- Mir rutscht schon mal die Hand aus
- Ich kann mich schlecht beherrschen
- Ich reagiere auf meine Umwelt aggressiv
- Ich fühle mich ausgebrannt
- Ich leide unter Schlafstörungen
- Manchmal erkenne ich mich selbst kaum wieder

- Ich habe Selbstmordphantasien
- Ich werde von einer unerklärlichen Unruhe geplagt

Falls mehrere dieser Fragen positiv beantwortet werden können, liegt wahrscheinlich eine „Male Depression" vor. Die Erkenntnis geschlechtstypischer Unterschiede im Umgang mit Emotionen kann offenbar tatsächlich großes Leid ersparen, wenn nicht sogar Leben retten. Hat man einmal akzeptiert, dass es derartig gravierende Unterschiede zwischen Männern und Frauen aufgrund ihrer biologischen Grundausstattung gibt, öffnen sich die Augen für die zahlreichen und häufig ganz alltäglichen Folgen dieses Phänomens.

Scheidung tut weh

Unterwegs mit dem Scheidungsanwalt

Alfred Kriegler ist Scheidungsanwalt, ein Star in seinem Metier, bekannt nicht nur für seine Treffsicherheit und beinharten Bandagen vor Gericht, sondern auch für seine Menschlichkeit. „Ich strebe Lösungen an, mit denen alle gut leben können", so titelt die Zeitschrift *Anwalt aktuell* vom Juni 2006, daneben lächelt Alfred, sympathisch und vertrauenserweckend, in die Kamera.[57] Unsere Freundschaft ist beredtes Zeugnis für sein Talent als Mediator und seinen Fanatismus für Gerechtigkeit. Obwohl er bei der Scheidung meinen Exmann vertreten hat, schätze ich ihn als Menschen und Experten nach wie vor. Wir treffen uns in seiner Kanzlei. Ich habe um ein kurzes Interview gebeten, habe sein neues Buch dabei, „Scheidungsratgeber für Männer". Alfred erwartet mich im Mantel, modisch-elegant geschnitten, Samtkragen, ein Herr durch und durch. Er lacht auf meine erste Frage: „Typische Geschlechtsunterschiede in der Scheidungssituation? Das steht ganz außer Zweifel!" Auf der Fahrt quer durch Wien, bei welcher Alfred versucht, Ersatz für eine erkrankte Kollegin zu finden, verrät er mir, dass er im Laufe seiner Tätigkeit als Scheidungsanwalt mehrfach ganz charakteristische Unterschiede zwischen Mann und Frau erlebt hat.

Als Scheidungsanwalt, erfahre ich, erlebt man Menschen in absoluten Ausnahmesituationen, darin unterscheiden sich die Geschlechter nicht. Interessant ist aber ein doch sehr unterschiedliches Verhalten in dieser Phase höchster Emotionalisierung. Frauen, meint Alfred, sind zielgerichteter. Wenn sie sich entschließen, sich scheiden zu lassen, sind sie offensichtlich

79

eher in der Lage, ihre Emotionen hintanzustellen und ihre Interessen durchzusetzen. Wenn Gefühle mitspielen, dann sind diese fein nuanciert. Frauen wissen mit großer Treffsicherheit, wo die emotionalen Schwachstellen ihres noch Angetrauten sind, und bereiten minutiös den „Todesstoß" vor. Männer hingegen sind weitaus plumper und vor allem lauter. Sie bellen ins Telefon, was sie „der nicht alles zeigen werden!" Demonstrativ hält Alfred das Handy weit weg von seinem Ohr, fast hört man den aufgebrachten Mann am anderen Ende der Leitung toben. Wenn es dann darum geht, konkret zu werden, sprich die Vermögensverhältnisse aufzudröseln oder die Einkommensverhältnisse darzulegen, sind Frauen die viferen. Meist haben sie im Vorfeld schon vieles abgeklärt, kommen schon aufmagaziniert zu den Terminen und gehen strategisch gewappnet ihren Weg – unerbittlich. Im Gegensatz zu Männern, die zwar ebenso erregt, gekränkt, rachsüchtig oder je nachdem auch gönnerhaft und überlegen auftreten, aber von der rationalen Umsetzung offenbar weiter entfernt sind.

Dies ist nur auf den ersten Blick ein Widerspruch zur nachweislich größeren Emotionalität der Frauen. Geht man davon aus, dass sich Frauen und Männer nicht unterscheiden, was die Heftigkeit der Emotionen anlangt, sehr wohl aber darin, wie diese verarbeitet werden, so wird das Bild klarer. Frauen haben die bessere Anbindung der emotionalen Zentren an die Sprachzentren im Gehirn und sind dadurch nicht nur im Vorteil, was die Konzeption und Evaluierung der Gefühle betrifft, sondern sie können diese dadurch auch besser kanalisieren und instrumentalisieren. Es fällt ihnen daher leichter, hochgradige Emotionalität rational einzuordnen, ja diese zu ihren Gunsten als „Waffe" einzusetzen.

Fast jede zweite Ehe in Österreich endet vor dem Scheidungsrichter. In den Städten ist die Anzahl der geschiedenen Ehen besonders hoch. Die Gründe dafür sind unterschiedlich und sie sind geschlechtsspezifisch. Worin alle Scheidungspartner, die männlichen und weiblichen, gleichermaßen übereinstimmen, ist die Tatsache, dass sie nicht beabsichtigen, weiterhin eine sinnlose Ehe zu führen. Im Grunde darf es nicht verwundern, dass zwei Menschen, die so unterschiedlich sind und bereits aus entsprechend unterschiedlichen Gründen und damit verknüpften Erwartungen in die gemeinsame Beziehung gehen – fast ist man geneigt zu sagen: tappen –, dann derart unterschiedliche Prioritäten haben, was die Pflege und Erhaltung der Beziehung betrifft, und dass letztendlich auch der Grund der Trennung geschlechtstypisch ist.

Scheidungsgrund Nummer 1 ist sexueller Betrug. Der Vertrauensbruch macht Männern und Frauen zwar gleichermaßen zu schaffen – jedoch auf sehr unterschiedlicher Ebene. Ein uralter „Vertrag" zwischen Mann und Frau, der in der Tat bis in die Steinzeit zurückdatiert, scheint hier zum Tragen zu kommen. „Mama's Baby, Papa's maybe", witzelt eine alte Volksweisheit – wir ahnen schon, worauf diese abzielt. Helen Fisher, die Grande Dame der US-amerikanischen Anthropologie, hat in ihrem Klassiker „The Sex Contract" eben jenen alten Vertrag wiederentdeckt, nach welchem Partnerschaften schon seit Jahrmillionen funktionieren, heute wie ehedem, ohne dass wir modernen Paare uns dessen bewusst sind.[58]

Der „Sex Contract" basiert auf jenem kleinen, aber unerbittlich grundlegenden Unterschied, dass Frauen immer sicher sein können, dass es ihr Kind ist, das sie zur Welt bringen. Der Mann hingegen muss vertrauen. Er ist auf die sexuelle Loyalität seiner Partnerin mehr angewiesen als sie auf die seine, wenn es um die Fortpflanzung geht. Der „Ökopapa" ist nicht notwendigerweise immer auch tatsächlich der „Biopapa".

Dieser oft bitteren Wahrheit trägt der alte Vertrag Rechnung: Die Frau verspricht demnach dem Mann sexuelle Exklusivität. Und so wird überall auf der Welt Ehebruch von Seiten der Frau viel schärfer geahndet als Ehebruch von Seiten des Mannes. Es ist noch gar nicht lange her, dass unsere Vorfahren einen Ehebruch des Mannes gar nicht ahndeten, diesen sogar als „Kavaliersdelikt" augenzwinkernd zur Kenntnis nahmen. Frauen hingegen wurde ein derartiges Vergehen nicht in gleichem Maße nachgesehen, vor allem dann nicht, wenn der Ernährer der (patriarchalischen) Familie als „Gehörnter" unwissend die Nachkommen eines Nebenbuhlers großzog. In manchen Ländern steht sogar immer noch die Todesstrafe auf den Ehebruch: für sie, wohlgemerkt, nicht für ihn.

Obwohl die meisten modernen Männer gar nicht um den urzeitlichen Vertrag zwischen den Geschlechtern wissen, reagieren sie instinktiv immer noch nach dem alten Muster: Nichts ist für sie schrecklicher, als sexuell hintergangen zu werden. Und so sind die Statistiken wenig überraschend, die besagen, dass der wichtigste Scheidungsgrund für Männer die sexuelle Untreue der Partnerin darstellt.[59]

Auch Frauen, die betrogen werden, leiden, aber aus anderen Gründen. Schlimmer als der Seitensprung per se wiegt für Frauen nämlich ein emotionales Erkalten der Beziehung, der Verlust der emotionalen Nähe und Zuwendung. Liebt er die Andere denn, oder war es „bloß Sex"?

Frauen erwägen auch die Scheidung wegen sexuellen Betrugs, meist aber vor allem dann, wenn dieser in Serie geht und emotionale Spuren in der Beziehung hinterlässt. Auch dies stellt sich bei näherer Betrachtung als uraltes Erbe heraus. Im Gegensatz zu Männern sind Frauen sicher, die Mütter der Kinder zu sein, die sie gebären, auch wenn die Frage nach dem leiblichen Vater bisweilen nicht so leicht zu beantworten ist. Daher berührt Frauen der Umstand eines singulären sexuellen Fehltritts viel weniger als die möglichen Konsequenzen auf der emotionalen Ebene. Den Mann als Unterstützer und Familien(mit)ernährer zu verlieren, war für die Steinzeitfrau lange vor der Erfindung der sozialen Netze nicht selten überlebenswichtig. Alleine gelassen zu werden, konnte den Tod für die junge Familie bedeuten.

Daher trägt der weibliche Part des „Sex Contract" eben diesem Umstand Rechnung. Der Mann verspricht demnach der Frau exklusive Unterstützung, zumindest für die Zeit, in der die Kinder klein und abhängig sind. In den meisten Kulturen gilt es als extrem verwerflich, wenn ein Mann Frau und Kinder im Stich lässt und sich einer anderen (jüngeren) Frau zuwendet. Dies wird vom Gesetz bis heute auch stärker geahndet als der Seitensprung – der heute nicht einmal mehr als Schuld bei der Scheidung gilt. Die Unterhalts- und Alimentationspflicht hingegen ist strikt geregelt und wird ebenso anstandslos exekutiert.

Frauen legen daher heute wie ehedem weitaus mehr Wert darauf, dass die emotionale Basis der Beziehung erhalten bleibt. Als „Chefinnen der Firma Beziehung" sind sie aufmerksamer, was aufkeimende Probleme betrifft.

„Eher glücklich?"

In einer Studie, die meine Schwester Sabina Riedl und ich für unser Buch „Wie Frauen gegen ihren Willen glücklich machen" mit über 100 Wiener Paaren durchführten, fragten wir Männer und Frauen nach ihrer Zufriedenheit in der Partnerschaft. Dabei war auf einer fünfteiligen Skala von „sehr glücklich", „eher glücklich", „weder noch" und „eher unglücklich" bis „unglücklich" anzukreuzen, wie sie ihre persönliche Zufriedenheit in der Beziehung einschätzten. Das Ergebnis dabei war ebenso deutlich wie überraschend.[60]

Wenn eine Partnerschaft nicht mehr ganz glücklich war, kreuzten Frauen regelmäßig eine Stufe unter den Männern an. War er z. B. „eher unglücklich", war sie bereits „unglücklich". Und so konnte es vorkommen, dass er „sehr zufrieden" ankreuzte, das heißt für ihn der eheliche Himmel voller Geigen hing, während sie „eher glücklich" ankreuzte und damit deutlich signalisierte, dass für ihr Empfinden bereits erste Wölkchen am Horizont aufzogen. Umgekehrt war dies nicht ein einziges Mal der Fall. Als hätten sie dafür einen sechsten Sinn dafür, spüren Frauen offenbar voraus, was im Argen liegt oder sich in diese Richtung zu bewegen droht.

Es ist gewiss nicht nur ein Erbe des alten Vertrags, der Frauen darauf achten lässt, ihren Unterstützer nicht zu verlieren, und daher dazu bringt, mögliche Gefahren für die Gemeinsamkeit ehestmöglich zu antizipieren. Frauen besitzen die Sensorien dafür, kleinste Unstimmigkeiten zu bemerken, daher können sie offenbar gar nicht anders. „Immer musst du nörgeln!" ist ein Standardsatz rhetorisch überforderter Ehemänner. Aber solange noch genörgelt wird, ist sie noch an der Arbeit, die Beziehung aufrechtzuhalten. Gefährlich ist hingegen das große Schweigen. Wenn Frau sich nicht mehr einbringen will, also keine Chance mehr sieht, etwas zu verändern, wird sie schweigen – und das ist zumeist der Anfang vom Ende. Eine paartherapeutische Studie entdeckte gar, dass es ein nahezu untrügliches Zeichen nonverbaler Natur gibt, das die baldige Trennung eines Paares mit großer Präzision vorhersagen lässt: Wenn er spricht und sie die Augen verdreht.

Es ist angesichts all dieser Tatsachen wenig überraschend, dass Frauen hauptverantwortlich für die Scheidung zeichnen. 80 % der Scheidungsanträge werden von Frauen gestellt. Im Rahmen von Vorträgen über die Rolle der Frau als Architektin der Beziehung wurde ich an dieser Stelle häufig – von Männern – gefragt, wie sich diese Rolle denn mit der Anzahl der von Frauen eingereichten Scheidungsanträge verträgt. Ich antwortete zumeist mit einem zugegebenermaßen etwas populistischen Standardsatz: Frauen müssen mit vorhandenem Material arbeiten, Zauberinnen sind sie keine. Obgleich nicht ernst gemeint, verbirgt sich hier ein Quäntchen Wahrheit. Denn wer das emotionale Rüstzeug mitbringt, eine Beziehung zu entwickeln und sie in Gang zu halten, erkennt tatsächlich, ähnlich dem Kapitän auf der Kommandobrücke, eher, was aus dem Ruder läuft. Daher sind die Gründe für Scheidungsanträge der Frauen weitaus vielfältiger als jene der Männer, die sich – wie schon erwähnt – zumeist in sexueller Untreue erschöpfen. Mangel an Kommunikation ist der zweithäufigste weibliche Scheidungsgrund. Und das betrifft nicht nur Mangel an Rhetorik. In Wahrheit ist es nicht einfach der Mangel an Kommunikation, sondern Mangel an emotionaler Kommunikation. Freundinnen sitzen beisammen und erzählen sich ihre Leiden, wenn es in der Beziehung nicht mehr so gut funktioniert. Männer schweigen eher darüber, einerseits aus einem stammesgeschichtlich sehr alten Grund: Einem anderen Mann Schwächen zu zeigen, kann sich als schwerer Fehler erweisen, wenn man auf seine Rangordnung in der männlichen Hierarchie Wert legt. Andererseits haben Männer einen von Natur aus eingeschränkten Zugang zu ihrem Sprachzentrum, was die Verarbeitung von Emotionen anlangt. So sieht man sie stundenlang nebeneinander sitzen und z. B. angeln. Ein Szenario, das wenigen Frauen verlockend vorkommt.

Beim Frauenlauftreff am Mittwochabend in der Wiener Freudenau[61] staune ich immer wieder, dass der ständig sprudelnde Quell der Beredsamkeit nicht einmal bei kurzen Einheiten mit sehr hohem Lauftempo gänzlich zum Erliegen kommt. Trotz extremen Luftmangels kann offenbar dennoch die eine oder andere Mitteilung den Zuhörerinnen nicht vorenthalten werden. Und es wird nicht Wunder nehmen, dass dabei nicht über berufliche Errungenschaften und sportliche Leistungen gesprochen wird, sondern über familiäre Angelegenheiten.

Kommunikation über Gefühle scheint ein gewaltiger Stolperstein auf dem gemeinsamen Lebensweg für Mann und Frau zu sein. Jeder erwartet scheinbar, beim Partner eine vergleichbare Ausstattung im Umgang mit Emotionen vorzufinden, und ist bitter enttäuscht, wenn sich das als Irrtum erweist. Selbst aufgeklärte Paare, die über Verhaltensunterschiede zwischen Mann und Frau im Umgang mit Emotionen Bescheid wissen, scheitern an der Unmöglichkeit, im Zustand der Emotionalisierung darauf Rücksicht zu nehmen.

Ein österreichstämmiger Freund, der nach Tasmanien geheiratet hatte und dessen Beziehung gescheitert war, erzählte, dass er einfach nicht genug Englisch konnte, um den feinen Nuancen in den zahllosen Streitgesprächen zu folgen respektive auf diese in entsprechender Weise einzugehen. Dies ist ein Szenario, welches auch von Männern beschrieben wird, die in ihrer Muttersprache kommunizieren können. Viele verstehen gar nicht, worum es ihren Partnerinnen geht. Daher findet man im Angesicht der Scheidung die große Ratlosigkeit häufiger bei Männern, die nicht begreifen, was mit ihnen geschieht oder was ihre Frauen „reitet".

Dies hat wenig damit zu tun, was Männer wirklich empfinden. Es ist davon auszugehen, dass Frauen und Männer Leid als Leid und Freude als Freude empfinden mit allen Abstufungen. Aber die Fähigkeit, sich darüber mitzuteilen, unterscheidet die beiden Geschlechter in einem nicht unbeträchtlichen Maße.

In unserer Paarstudie fragten wir die Partner, was ihnen denn bei Beziehungsbeginn am jeweils anderen besonders gut gefallen hatte. Wenig überraschend erweisen sich die Frauen diesbezüglich als wesentlich ausführlicher. Männern fiel oft beschämend wenig ein, was sie an ihrer Partnerin faszinierend gefunden hatten. Bisweilen gähnte an der Stelle, wo den Ausführungen Raum gegeben werden sollte, eine große Leere.

Auf der anderen Seite beantwortete ein Mann, dem zur Frage nach den wichtigsten Eigenschaften seiner Partnerin überhaupt nichts eingefallen war, dann die Frage „Was ist das Wichtigste in Ihrem Leben?" lediglich mit einem einzigen Wort – beredter als manch elaborierte Ausführung – schlicht und ergreifend: „Sie".

Gerade wenn die Worte fehlen, bleibt Männern in einer Situation unerträglicher Emotionalisierung, wie sie das Scheitern einer Ehe darstellt, oft nur die körperliche Reaktion. An dritter Stelle der Scheidungsgründe geben Frauen Gewalt in der Ehe an. Der Prozentsatz, in dem Männer eher dazu neigen, Gewalt anwenden, entspricht jenen ominösen 80 %, mit welchen Frauen verantwortlich zeichnen für die Einreichung der Scheidung.

Und Frauen haben Grund zur Angst. Laut Helen Fisher wird jedes dritte weibliche Mordopfer vom Ex-Partner umgebracht.[62] Enttäuschte Liebe, sexuelle Untreue, Eifersucht und Verlassenwerden sind die Hauptmotive gekränkter Männerseelen. Hingegen werden lediglich 4 % der männlichen Mordopfer durch enttäuschte Ex-Partnerinnen entleibt.

Hier haben wir wieder unser altbekanntes Muster des instrumentalen Umgangs mit Emotionen beim Mann. Gefühle stauen sich auf bis zur Unerträglichkeit und entladen sich dann in einer Tat.

„Sind Frauen die besseren Menschen?", fragt sich Alice Schwarzer, unermüdliche Kämpferin für die Frauenrechte und Galionsfigur der Frauenbewegung, und gibt selbst gleich die Antwort: „Nicht unbedingt. Sie sind nur ohnmächtig, und deshalb nimmt ihre Gewalt andere, meist psychologische Formen an."[63] Aufgrund ihrer körperlichen und gesellschaftlichen Unterlegenheit haben Frauen gelernt, ihre Aggression und Bosheit auf sehr subtile Weise auszudrücken. Den Frauen, so Schwarzer, wurde von der Gesellschaft der Part von Menschlichkeit und Mitgefühl zugewiesen, Macht und Gewalt waren lange tabu für sie. Darum wurden sie auch zu Spezialistinnen der verdeckten, psychischen Gewalt.

Ich reiche Alfred zum Abschied noch sein Buch „Scheidungsratgeber für Männer" für eine persönliche Widmung.[64] Dabei frage ich, ob er das Buch geschrieben hat, weil er Männer so sehr in der Defensive sieht, dass er das Bedürfnis hatte, sie mit seinem Ratgeber zu unterstützen. „Nein", meint Alfred, während er seinen Schriftzug auf die erste Seite setzt, „das war eine Auftragsarbeit für den Verlag, denn einen Scheidungsratgeber für Frauen gab es schon." Als hätten wir es nicht geahnt.

Und sie lebten glücklich …

Die Hochzeit, ein Happy End?

Die Musik braust auf, ein Chor – engelsgleich – jubiliert aus
dem Äther, weißer Tüll, zart getüpfelt umflort das strahlen-
de Gesicht der jungen Braut. Die Lider halb geschlossen vor
Glück, ein elfenhaftes Lächeln um die rosigen Lippen, leicht
wie auf Engelsschwingen getragen schwebt sie – ganz Un-
schuld und Erwartung in einem märchenhaften weißen Sei-
denkleid – dem Bräutigam entgegen, der hehren Gesichtes, so
ephebenhaft, ebenmäßig und gefasst die Züge, doch sehnsüch-
tig die Ankommende erwartet. Alle sind gekommen, Tränen in
den Augen, die Zerstrittenen versöhnt, die Erniedrigten em-
porgehoben. Die Gerechtigkeit hat obsiegt, das junge Paar soll
nun endlich doch vereint sein, nach den vielen Wirrungen,
Kämpfen, Intrigen und dem Leid, das die beiden durchste-
hen mussten, um endlich, endlich im ewigen Glücke nie mehr
getrennt zu werden. Auf brausen der Chor und die Musik zu
einem gemeinsamen fulminanten Crescendo …
   Eine Schrift erscheint auf der Leinwand „Ende" – gut? Alles
gut?
   Es gibt kaum eine menschliche Unternehmung, die mit so
viel Hoffnung, Sehnsucht und Enthusiasmus begonnen wird
und welche mit solcher Regelmäßigkeit fehlschlägt wie die
Ehe. Obwohl Filmemacher uns glauben lassen wollen, dass
mit der Hochzeit endlich alles gut ist, beginnen hier die eigentlichen Auseinandersetzungen, Querelen, Enttäuschungen,
Kümmernisse, Kränkungen, Demütigungen und jedes erdenk-
liche Ungemach, das ein Dasein als Mensch aufbieten kann.
Hochzeiten haben dem zum Trotz immer etwas Rührendes,

sie sind so hoffnungsvoll, alles ist noch rein und unbefleckt vom nagenden Zahn des Alltags, dem Misstrauen und den Ressentiments, die sich einschleichen werden, dem Spaltpilz, der sein Unwesen treibt und den englischen Chorgesang mit den jauchzenden Geigen in eine garstige Kakophonie und ein Gekreische von Geiern verwandelt, welche ahnungsvoll über der todgeweihten Liebe kreisen.

„Da bringen's ihn", pflegte mein Vater, abgeklärt und lebenserfahren, bei Hochzeiten zu sagen, mit tiefstem Bedauern angesichts des nahenden Bräutigams.

Würde man die jungen Paare mit der bitteren Wahrheit konfrontieren, dass die Scheidungsrate bereits die 50%-Schallmauer durchbrochen hat, und sie fragen, wie hoch sie ihre Chancen einschätzen – im Moment des höchsten Glücks wird niemand auch nur im Entferntesten an ein Scheitern der Ehe denken. Angesichts des großen Enthusiasmus, mit dem Beziehungen fürs Leben eingegangen werden, der geballten Masse positiver Energie, dem festen Willen zweier Menschen, miteinander alles zu teilen und ewig glücklich zu sein, ist die Häufigkeit des Scheiterns besonders absurd.

Wie kann es sein, dass ein Leben zu zweit, das derart gewünscht, glorifiziert und romantisiert wird, derartig schwer umzusetzen ist? Wo sind die Stolpersteine auf dem Wege der ewigen Liebe und Verbundenheit, wo die Fallstricke und Hinterhalte, in welche die Liebenden so unweigerlich hineingeraten und sich darin verheddern werden?

Es mag nicht überraschen, dass ein Projekt wie das Leben zu zweit, das für die meisten Menschen derartige Priorität hat, von der Wissenschaft und begleitenden Fächern eingehendst beforscht ist.

Die Entdeckung der Geheimnisse der Harmonie auf Lebenszeit gilt unter Forschern als der Stein der Weisen. Fragt man ältere Paare, die Jahrzehnte miteinander zugebracht haben, was ihr Geheimnis sei, erhält man diffuse, wenig greifbare und sehr oft wenig romantische Aussagen, die allesamt wenig Allgemeingültigkeit zu besitzen scheinen. Die einen sprechen von Geduld und Humor, die anderen von Respekt und Achtung, wieder andere gestehen kichernd, dass man immer guten Sex haben sollte. Dann gibt es wieder Paare, die gerade erst im Alter ihren Frieden miteinander gemacht haben, deren Beziehungen sich auszeichneten als eine nicht enden wollende Kette von Katastrophen, gebeutelt von permanenten Rosenkriegen, Partnerwechseln, Abbrüchen der Beziehung und Wiedervereinigung. Schließlich sind wir geschockt zu erfahren, dass Langzeitpartner, deren gemeinsames Leben ruhig und friedlich verlief, die gegenseitige Wertschätzung vorlebten und in der Familie und im Freundeskreis als Vorzeigepaar galten, sich plötzlich trennen. Und – noch viel enttäuschender – sie können nicht angeben, warum. Den *einen* Grund gibt es nicht. Es ist dann einfach „vorbei".

Wie aber soll man Klippen meiden, die derart unsichtbar und unfassbar sind, dass weder jene, denen es gelungen ist, diese zu umschiffen, noch jene, die daran zerschellten, über deren Beschaffenheit Bescheid sagen können?

Yin und Yang?

Eine zutiefst emotionale Angelegenheit wie die Liebe ist ein höchst komplexes Gefüge, gebraut einerseits aus einem Hormongemisch, das dem einer Zwangsstörung entspricht.[65] Dieser Cocktail ergießt sich in ein Gehirn, das andererseits von seinen individuellen Erfahrungen wie von einem Puppenspieler gelenkt wird, worin Schemata der Selbsteinschätzung und Suchbilder für potentielle Partner nahezu unbelehrbar persistieren und dazu meist nahezu unbewusst ihre Wirkung entfalten. Eine dritte Dimension erhält der emotionale Ausnahmezustand durch die Einwirkung von Idealvorstellungen der Familie, des Freundeskreises und der Gesellschaft. Dies alles passiert darüber hinaus auch noch zwischen zwei Wesen, deren emotionale Zugänge – was das Wesen und Funktionieren von Gemeinsamkeiten betrifft – oft grundverschieden sind.

Nach Jahrzehnten der Partnerschaftsforschung frage ich mich heute weniger, warum Partnerschaften so häufig scheitern, sondern warum sie, all diesen Wirrungen zum Trotz, doch ab und an auch funktionieren.

Wir wollen aber nichts wissen vom Scheitern und vom Ende, wir wünschen uns ein Rezept für die harmonische Partnerschaft. Wir konsultieren die Ergebnisse biologischer und medizinischer Forschung. In Helen Fishers neuestem Werk „Die vier Typen der Liebe" kann man herausfinden, welcher Hormontypus man selbst ist und welcher Typ zu einem passt, je nachdem, ob man von Dopamin (Entdecker), Serotonin (Gründer), Östrogen (Diplomat) oder Testosteron (Wegbereiter) dominiert wird.[66] Während Diplomaten und Wegbereiter eine Ergänzung suchen, fühlen sich Entdecker und Gründer mit Ihresgleichen wohler. Die alten Volksweisheiten „Gleich zu Gleich gesellt sich gern" und „Gegensätze ziehen sich an" haben damit beide ihre (biologische) Berechtigung. Gut 100 Jahre älter ist die Weininger-Hypothese, die besagt, dass immer ein „ganzer Mann" und eine „ganze Frau" in einem Paar vereinigt werden – Yin und Yang aus Sicht der Anthropologie. Dies umfasst die Körperbautypen ebenso wie die typischen männlichen und weiblichen Charaktereigenschaften, welche vor 100 Jahren noch ein viel deutlicheres Profil hatten.

Unsere Hoffnungen ruhen aber auch auf den Schultern der Geisteswissenschaft. Psychologen haben emotionale Bindungstypen dingfest gemacht, die sich direkt auf das spätere Beziehungsverhalten auswirken. Die Art und Weise, wie eine Beziehung geführt wird, hängt von der Bindung an die Hauptbezugsperson der Kindheit ab. Entscheidend dabei ist, ob jemand z. B. dem sicher gebundenen Typus angehört oder etwa Beimischungen vom ambivalenten, ängstlichen oder vermeidenden Typus mitbekommen hat.[67] Philosophen wie der amerikanische Psychotherapeut und Sozialpsychologe Erich Fromm sind überzeugt, dass nur die ausgereifte und eigenständige Persönlichkeit überhaupt der wahren Liebe fähig ist.[68] Und die Romantiker unter uns wollen auch die Astrologie nicht vergessen wissen, mit dem geheimnisvoll schicksalshaften Wirken der Sternzeichen: Ja, eine ganze Industrie ist entstanden um die Vorhersage des Erfolges unserer Liebe auf der Basis unseres Horoskops. Ich gestehe an dieser Stelle freimütig, dass selbst ich als „gestandene" Wissenschaftlerin nicht versäume, in den einschlägigen Kolumnen diverser Zeitungen zu lesen, was dem Skorpion in der kommenden Woche bevorstehen könnte, und auch dem „Energiepegel" des Radio Wien andächtig lausche.

All diese mehr oder weniger wissenschaftlichen Erkenntnisse mögen zutreffen oder in den Sternen stehen. Ein (biologisches) Problem bleibt bestehen: Männer und Frauen reagieren anders auf dieselben Emotionen. So werden in der Partnerschaft genau an jenen Stellen Probleme zu erwarten sein, wo es um geschlechtsspezifische Unterschiede bei der Wahrnehmung und Interpretation von Gefühlen geht.

An dieser Stelle ist die Gretchenfrage unvermeidlich: Wie ist es denn um die gleichgeschlechtlichen Beziehungen bestellt? Denn wenn hier so frech und frei behauptet wird, dass die partnerschaftlichen Probleme in der Majorität auf der unterschiedlichen geschlechtstypischen Wahrnehmung von Emotionen basieren, müssten die Beziehungen zwischen zwei Frauen respektive zwei Männern besser harmonieren. Und in der Tat scheint es so zu sein – allerdings nur, was lesbische Paare betrifft. Zwei Frauen scheinen in der Tat besonders gut miteinander auszukommen. Die homosexuellen Paare hingegen zeichnen sich – im Vergleich zu heterosexuellen Paaren – durch häufigere Partnerwechsel und instabilere Beziehungsgefüge aus.[69]

Sind Frauen paartauglicher als Männer? Wenn es so ist, nützt diese Erkenntnis nicht viel, denn die allermeisten Menschen haben einen gegengeschlechtlichen Partner oder wünschen sich einen solchen. Die meisten von uns gehen auch eher unbedarft an die Sache heran, unbeeindruckt von Sternbildern, Hormonstatus oder Grad der Persönlichkeitsreifung.

Beziehungserhaltung und Unabhängigkeit

„Ich bin in vierter Ehe verheiratet", führt eine unserer Patientinnen, zu ihrer Anamnese befragt, aus. „Der erste Mann war ein Alkoholiker, der hat mich immer geschlagen, der zweite war ein Spieler, da wurde ich zwar nicht geschlagen, aber es war kein Geld da, der dritte Mann hat sich umgebracht, aber der vierte, mit dem bin ich jetzt glücklich!" Die Patientin konnte nicht wirklich angeben, warum – nicht geschlagen oder bestohlen zu werden, mag bei entsprechender Vorerfahrung schon ein Bonus sein, was aber verhilft Männern und Frauen zu einem emotionalen Konsens über ihre Unterschiede hinaus?

Es ist eine bekannte Tatsache, dass Töchter von Alkoholkranken wieder Alkoholkranke heiraten, aber nicht, weil sie ihre Kindheit so schön fanden, sondern weil sie wissen, wie man eine solche Beziehung lebt. Frauen und Männer entwickeln großes Geschick darin, Gewohntes aus der Kindheit wieder aufleben zu lassen, auch wenn sie dieses rational ablehnen würden.

So finden sich Menschen auch immer wieder in ähnlichen Konfliktsituationen, auch wenn sie ihren Partner gewechselt haben. Es ist, als grüße ständig das Murmeltier, als würde eine zu bewältigende Aufgabe einem vom Leben wieder und wieder serviert, bis man schließlich die Lösung findet oder verzweifelt abermals das Handtuch wirft.

Der Grund für die immer wiederkehrenden Szenarien liegt häufig in geschlechtstypischer Erwartung an die Beziehung. Ein klassischer Fall ist die Diskussion um Nähe und Freiräume. Maggie Scarf, Visiting Fellow an der Yale University, stieg zunächst als Journalistin in die Partnerforschung ein, nur um sich später aufgrund ihrer Erfahrungen zur Psychotherapeutin ausbilden zu lassen. „Autonomie und Nähe" ist ihr wohl bekanntes Werk.[70] Maggie Scarf schildert darin sehr einfühlsam Fallbeispiele aus ihrer Praxis. So verschieden die Paare auch sind, was Alter, Bildungsstand und Gesellschaftsschicht anlangt, eine Gemeinsamkeit kristallisiert sich bei allen heraus: Frauen scheinen sich mehr Nähe zu wünschen, Männer mehr Freiräume. Die meisten Beziehungen werden bereits mit diesem „Abstand" eingegangen. Frauen fühlen sich aufgerufen, unermüdlich mehr Nähe zu ihren Partnern herzustellen, und sie grämen sich, dass dieser seinen Stammtisch, seinen Sport oder seine beruflichen Pläne ihr zuliebe nicht aufgibt oder zumindest reduziert. Sie haben das Gefühl, ständig hinter einem Unerreichbaren herzulaufen. „Es ist wie bei meinem Vater", vertraute mir meine Freundin Ursula an, die ständig darunter litt, dass ihr Lebensgefährte ihrer Ansicht nach zu wenig Interesse an ihr hatte, „Vater hatte auch nie Zeit für mich. Ich suche mir immer die unerreichbaren Männer, offenbar bin ich nur dann glücklich, wenn ich hinterherlaufen muss." Etwas Ähnliches berichtete mir Nora, eine Freundin aus Kindertagen, die über Jahrzehnte unter ihrem Lebensgefährten und späteren Ehemann litt, der aufgrund psychischer Probleme immer wieder auf Wochen einfach verschwand. Nora trennte sich zwischenzeitlich mehrmals von Peter. Einmal lernte sie einen anderen Mann kennen. Nora schilderte ihn launig als „den Traum aller Schwiegermütter". Er war gut situiert, hatte perfekte Manieren und eine gepflegte Erscheinung – alleine es wollte nicht halten. „Der war einfach zu perfekt", erklärte Nora achselzuckend. Sie selbst war bei einer alleinerziehenden

Mutter aufgewachsen, ihren Vater hatte sie nie kennengelernt. „Vielleicht brauche ich einen unverlässlichen Kerl, der immer verschwindet?", fragte sie sich. Trotz dieser Erkenntnis gab Nora nicht auf, an Peter zu arbeiten; wenn sie unglücklich war über sein Verhalten, ließ sie ihn dies auch fühlen. Die Rolle der Erhalterin der Beziehung scheint vielen Frauen auf den Leib geschrieben. Männer auf der anderen Seite scheinen häufig ihr Recht auf Alleingang und Unabhängigkeit mit Zähnen und Klauen zu verteidigen. Trifft ein solcher Mann auf eine passionierte Beziehungserhalterin, sind die Probleme absehbar.

Während die Frau den Eindruck hat, Gemeinsamkeiten das Wort zu reden, hat er hingegen das Gefühl, ihr nichts recht machen zu können. Ist er daheim, wird er mit Vorwürfen überhäuft, warum er so selten da sei und warum die Partnerin ihm nicht so wichtig sei wie seine anderen Interessen. Da er sich diesem Druck nicht gewachsen fühlt, versucht er den Diskussionen aus dem Weg zu gehen. Viele Männer kommen gerade aus diesem Grund noch seltener nach Hause, schützen vermehrt Aktivitäten vor. Die Frau wiederum intensiviert daraufhin ihre Bemühungen auf die ihr eigene verbale Art, weil sie das Gefühl hat, nicht deutlich genug gewesen zu sein, und damit entspinnt sich ein Teufelskreis, der beide Partner immer frustrierter zurücklässt.

„Wolfgang liest zum Frühstück die Zeitung!", erzählte mir Gabi, eine Freundin, voller Empörung. Was daran schlimm war, konnte ich nur deshalb erahnen, weil ich die Geschichte dahinter kannte. Gabi war in den letzten Jahren der Ehe viel alleine gewesen. Zunächst hatte sie mit ihrem Mann zusammen in einem eigenen Geschäft gearbeitet. Als das Kind zur Welt kam, blieb sie mit der gemeinsamen Tochter daheim. Wolfgang hatte sich beruflich verändert und war als Angestellter einer Firmenkette in eine hohe Position aufgestiegen. Dies brachte mit sich, dass er häufig bis in die frühen Morgenstunden arbeitete. Frau und Kind schliefen lange schon, wenn er heimkam.

Er selbst schlief dafür lange in der Vormittag, da sein Dienst erst mittags wieder begann. Am Wochenende hatte er entweder zu arbeiten oder er traf sich mit Freunden zum Radfahren. Er, der ehemalige Sportler, sah dies als seinen einzigen Ausgleich. Gabi hatte versucht, selbst auch wieder in den Arbeitsprozess einzusteigen, nachdem das gemeinsame Kind langsam erwachsen wurde. Sie sehnte sich nach Gesprächen mit ihrem Mann, weil sie mit ihrer sich verändernden Situation nicht alleine fertig wurde. So freute sie sich immer schon auf das gemeinsame Frühstück am späten Vormittag unter der Woche, wenn das Kind in der Schule war – praktisch die einzige Zeit, in der sie und Wolfgang beide wach und zu Hause waren. Doch Wolfgang bemerkte offenbar nichts von ihrem Wunsch nach Unterhaltung. Ihm genügte ihre physische Anwesenheit – und er las die Zeitung. Gabi war erst fassungslos, dann zornig und schließlich verbittert. Nach einem Nervenzusammenbruch und einem stationären Aufenthalt in der psychiatrischen Abteilung in einer niederösterreichischen Klinik ließ sie sich von Wolfgang scheiden. Dieser verstand die Welt nicht mehr. Gabi hatte doch nie etwas gesagt?

Das Bedürfnis nach verbalem Ausdruck von Gefühlen ist in der Paarbeziehung sehr häufig Frauen wichtiger als Männern. Dabei sehnen sich auch Männer nach Nähe und erleben ihre Frauen als abweisend und kalt. Jedoch fehlt es ihnen nicht an Gesprächen über die Befindlichkeit, die männliche Definition von Nähe lautet Sex. Viel eher als Frauen fühlen sich Männer zurückgewiesen, wenn es keine körperliche Nähe mehr gibt.

In den rosa und hellblauen Fragebögen, die unsere männlichen und weiblichen Probanden in der Partnerschaftsstudie für das Buch „Wie Frauen Männer gegen ihren Willen glücklich machen" vorgelegt bekamen, wurde die Frage nach der Bedeutung von Sex in der Partnerschaft von Männern viel häufiger positiv beantwortet. Die Frage „Wer braucht mehr Sex, sie oder er?" war zwischen den Polen „sie", „eher sie",

„beide", „eher er" und „er" anzukreuzen. Die meisten Männer in Langzeitpartnerschaften markierten „er". Einem Probanden, dem dies gar zu wenig erschien, versah die Antwort „er" auch noch mit fünf Rufzeichen.

Dieser Zusammenhang von Beziehung und Sex ist Frauen häufig deshalb nicht klar, weil bei ihnen das Bedürfnis nach körperlicher Nähe sehr an die von ihnen angestrengte emotionale Nähe gekoppelt ist. Verweigert der Partner diese „weibliche" Nähe, verweigern Frauen ihren Körper und damit die „männliche" Nähe. Die Folge ist ein wechselseitiges Zurückgestoßenfühlen.

Maggie Scarf bietet ein einfaches Grundrezept für ihre Paare, die sich im Teufelskreis des Weglaufens und Hinterherlaufens gefangen haben: Stehenbleiben! Denn je schneller der Mann wegläuft, umso schneller läuft die Frau hinterher. Der Abstand des Paares, der von Anfang an gegeben und beiden auch angenehm wäre, bleibt zwar derselbe, aber nur unter der äußersten Anstrengung beider Beteiligten. Bevor einem also bei der unsäglichen Treibjagd die – partnerschaftliche – Luft ausgeht, sollte man damit aufhören. Im Grunde ist egal, wer beginnt, schreibt Maggie Scarf. Der Überraschungseffekt ist in jedem Fall garantiert.

Das Weglaufen macht keine Freude, wenn niemand nachläuft. Dann ist der weglaufende Partner dran, zumindest innezuhalten. Auch er will den gewohnten Abstand erhalten, und das bedeutet dann im Extremfall Rollentausch. Das muss natürlich passieren, bevor es zu spät ist. Ist es möglich, stehenzubleiben, wenn die Dampfwalze einmal Fahrt aufgenommen hat? Ist es eine schicksalshafte, unabwendbare Notwendigkeit, dass Männer und Frauen in der Partnerschaft an ihrer unterschiedlichen Vorstellung von Nähe und dem geschlechtsspezifischen Ausdruck ihrer Zuneigung scheitern? Und wenn es Weichen geben sollte, die es beizeiten zu stellen gilt, wo wären diese zu finden?

Aus der Kinderstube

Der Fall „Genie"

Die Mitarbeiterin des Sozialamtes in Los Angeles wollte ihren Augen nicht trauen, und das will etwas heißen, denn auf dem Sozialamt ist man einiges gewohnt, was auffällige Erscheinungen betrifft. Wenn das Schicksal Menschen zu übel mitspielt, kommt es vor, dass manch einer auch optisch ein wenig aus der Norm gerät. Aber so etwas hatte selbst eine altgediente Beamtin noch nie zu Gesicht bekommen. In Begleitung seiner offenbar nahezu blinden Mutter war ein bleiches, verstörtes Wesen erschienen, mit gehetztem Blick, schlechten Zähnen und strähnigem Haar. Es verströmte einen bestialischen Fäulnisgeruch, Sabber troff aus dem halb geöffneten Mund. Es sprach kein Wort und gab nur kehlige Murmellaute von sich. Die Sozialarbeiterin rief ihre Vorgesetzte herbei und diese – nach einem Blick auf das Wesen – die Polizei.

Dies war die Entdeckung der Susan W., die als „Genie" traurigen Ruhm erlangen sollte. Susan war im Alter von 20 Monaten von ihrem geisteskranken Vater, der kein Kindergeschrei ertragen konnte, in einem abgedunkelten Zimmer auf einen Toilettenstuhl gefesselt worden. Dort verbrachte sie 12 Jahre ihres Lebens. Niemand durfte mit ihr sprechen, wenn sie selbst einen Laut äußerte, wurde sie geschlagen oder angeknurrt. Ihre Mutter war nicht in der Lage, ihr beizustehen, erst als sie mit ihrem inzwischen 70-jährigen Mann Streit bekam, beschloss sie, auszuziehen und Susan mitzunehmen.

Nach Susans Befreiung und dem Bekanntwerden ihrer Geschichte begannen sich Wissenschaftler für das Kind zu interessieren, das mit 13 Jahren gerade 1,37 Meter groß war und kaum 25 kg wog. 12 Jahre Toilettenstuhl in einem abgedunkelten Raum ohne jeglichen Sozialkontakt hatten ihre Spuren hinterlassen. „Genie" konnte nur steif und schwankend gehen, selbst das Stehen fiel ihr schwer, sie beherrschte ihren Stuhlgang nicht, urinierte bei jeder Erregung, speichelte unausgesetzt, daher auch ihr fauliger Geruch. Sie hatte nicht gelernt, zu kauen, stopfte Nahrung in ihre Backen und wartete, dass der Speichel diese auflösen würde. Sie hatte keine Empfindung von Hitze und Kälte.

In den folgenden Monaten und Jahren, die sie in Krankenanstalten, Sonderschulen und bei einer Pflegefamilie verbrachte, lernte sie nur mit großer Mühe, was wir als annähernd menschliches Sozialverhalten bezeichnen würden. Sie ging beim Essen umher, nahm sich, was ihr gefiel, gab selber nie etwas ab, spuckte, schnäuzte überallhin, stellte sich ganz nah zu Menschen hin, gaffte sie an und onanierte in der Öffentlichkeit ständig und überall.[71]

Bei ihrer Befreiung entsprach ihre Reife der eines einjährigen Kindes. Zahlreiche Forscher gaben sich redliche Mühe, Genie zu zivilisieren.[72] Allen voran zeichnete sich die Linguistin Susan Curtiss aus, die es in minutiöser Kleinarbeit schaffte, Genies Sprachkompetenz in siebenjähriger Arbeit auf das Niveau einer Dreijährigen zu heben – Genie war zu Abschluss der Therapie 20 Jahre alt. Auch ihre sozialen Kompetenzen verbesserten sich, erreichten aber niemals auch nur annähernd ein Niveau, das wir bereits bei unseren Volksschulkindern voraussetzen.

Überraschend war, dass Genie offenbar simple Gefühle nicht ausdrücken konnte. Sie stellte keine Fragen und scheiterte an primitivsten sensorischen Leistungen.

Der Wissenschaftsjournalist Dieter E. Zimmer hat in seinem Buch „Experimente des Lebens" die Lebensgeschichte des Mädchens aufgezeichnet sowie jene von anderen Kindern, die ähnlich wie Genie gefesselt und weggesperrt worden waren und ohne soziale Kontakte aufwachsen mussten. Allen ist offenbar gemeinsam, dass sie sprachlich wie emotional trotz intensivster Pflege und Betreuung nach ihrer Befreiung lediglich die soziale Reife eines Kleinkindes von wenigen Jahren erreichen konnten. Doch es gab eine Ausnahme. Isabelle lernte innerhalb von wenigen Monaten sprechen und lesen, entwickelte sich bald altersgemäß, erwies sich als sozialisierbar und aufgeweckt, interessierte sich für Lerninhalte und stellte komplizierte Fragen. Im Unterschied zu den anderen Kindern hatte es bei ihr jedoch einen wesentlichen Unterschied gegeben: Isabelle war in ihrer Gefangenschaft nicht alleine gewesen. Ihre taubstumme Mutter war mit ihr eingesperrt worden und diese hatte sich mit ihrem Kind in einer selbst erfundenen Zeichensprache verständigt. Offenbar hatten die Anwesenheit einer Bezugsperson und das Rudiment einer Verständigung als Anreiz genügt, die angeborenen Lehrmeister, wie der Verhaltensforscher Konrad Lorenz sie nennt, zu aktivieren. Ein Fenster war damit aufgetan in die Welt der Sprache und der sozialen Gefühle.

Betreuung und emotionale Reife

„Emotionale Reife findet ihren Ausdruck nicht zuletzt in der Bewältigung von Gefühlen, sie ist eng mit Sprachkompetenz verknüpft. Verarmung in der Sprache, die vielfach zu beobachten ist, führt zur Verarmung der Gefühlswelt. Gefühle, die nicht begriffen werden, weil die Begriffe fehlen, können nicht verarbeitet werden, stauen sich an bis zur Unerträglichkeit und entladen sich daraufhin instrumental – in gewalttätigen Auseinandersetzungen. Die zunehmende Gewaltbereitschaft in unserer Gesellschaft ist eine unmittelbare Folge der seelisch-geistigen Verarmung, der Sprachlosigkeit und der emotionalen Hilflosigkeit. Und es ist kein Zufall, dass diese Phänomene unter den jungen Menschen gerade jetzt häufiger auftreten, wo die Verantwortung für die Entwicklung der Heranwachsenden zunehmend delegiert wird."

So lautet der „Waschzettel" zu meinem Buch „Mutterliebe".[73] Es geht darin um die emotionalen Bedürfnisse von Kindern und die komplexen Prozesse wechselseitigen Lernens an der Hand einer liebevollen und verfügbaren Bezugsperson, eingebettet in eine fördernde, aber auch fordernde Gesellschaft. Jungen und Mädchen sind in den ersten drei Lebensjahren auf eine Hauptbezugsperson angewiesen. Das muss nicht notwendigerweise die Mutter sein, aber es sollte eine verlässliche Person sein, an die sich das Kind gewöhnen kann und zu der es sich zugehörig fühlt. Das Kind ist in einer sensiblen Bindungsphase, ähnlich einem Verliebten, für den nur eine einzige Person in Frage kommt.[74] Kein anderer vermag es zu trösten. Der biologische Sinn dahinter ist, sich eine gut eingearbeitete Betreuerin (oder einen Betreuer) zu verpflichten, denn dieser wird am ehesten in der Lage sein, ausreichend emotionale Anteilnahme an der Entwicklung des Kindes aufzubringen, um die Unwägbarkeiten der Kleinkindjahre bestmöglich zu meistern.

Ist einmal ein Kind an eine fixe Betreuerin gebunden, spricht man von Urvertrauen.[75] Das Kind hat gelernt, dass, was immer es anstellt, seine Hauptbezugsperson zu ihm stehen und für es da sein wird. Beim Eintritt in den Kindergarten ergibt sich daher auf der einen Seite das interessante Phänomen, dass gerade jene Kinder, die fix gebunden sind, wenig oder gar keine Probleme haben, die neue Welt zu erkunden. Sie brauchen keine Sorge zu haben, dass ihre Hauptbezugsperson inzwischen verschwinden und sie verlassen könnte. Dagegen sind unsicher gebundene Kinder häufig ängstlich, etwas Neues zu entdecken, und klammern sich an, weil sie befürchten, im Stich gelassen zu werden. Auf der anderen Seite wird aber die emotionale Einstellung der Hauptbezugsperson auch von den Kindern übernommen, das heißt, dass ängstliche Mütter auch ängstliche Kinder haben. Das Kind lernt ja seine Gefühle durch das Vorbild der Bezugspersonen in seinem Leben zu deuten, daher werden emotionale Grundtendenzen vom Betreuer auf das Kind übertragen.[76] Ab ca. dem dritten Geburtstag sind neben der Hauptbezugsperson auch die sogenannten „signifikanten Anderen" wichtig, das heißt, eine Förderung durch das soziale Umfeld ist unerlässlich. Nur ein fix gebundenes Kind bringt aber genügend Neugierde und Lernbereitschaft auf, um sich überhaupt an Neuem zu versuchen. Kinder üben die Rollen, die ihre Umgebung ihnen vorlebt, sie imitieren dabei die Erwachsenen, um deren Eigenschaften zu internalisieren. Das primäre, kindliche Ich soll später einmal von einem sekundären, erwachsenen Ich überlagert werden, das Norm- und Wertvorstellungen aus der Gesellschaft enthält. Schon früh in der Kindheit bauen wir uns eine Persönlichkeit, die aus der Gesellschaft „geborgt" ist. Daraus wird ein Idealbild, dem wir ein Leben lang nacheifern.[77] Familiäre Bindungen sind dabei natürlich ganz entscheidend und prägen die Vorstellungen des Kindes für eigene zukünftige Beziehungen im Voraus.

Die Konzertierung der Gefühlswelt

Das Fehlen einer beständigen Hauptbezugsperson wirkt sich vor allem auf die Konzertierung der Gefühlswelt aus. Ohne entsprechende Anleitung erlernen Kinder den Umgang mit Gefühlen nicht ausreichend und fallen dann durch mangelnde soziale Kompetenz auf. Sie wirken „unfertig", stören den Unterricht, können eigene Bedürfnisse nicht aufschieben oder zugunsten von gemeinsamen Zielen der Gruppe hintanstellen. Für ein zukünftiges Ziel Frustration und Durststrecken in Kauf zu nehmen, ist eines der wesentlichsten emotionalen Lernziele der ersten Lebensjahre. Ohne die Erfahrung der Belohnung, nach dem vorübergehenden Triebverzicht ein höheres Ziel erreicht zu haben, können Kinder kein Sitzfleisch entwickeln, um sich Ziele zu erarbeiten.

Frühkindliche Bedürfnisse haben Jungen und Mädchen gleichermaßen. Und dennoch zeigen sich schon bei Neugeborenen Geschlechtsunterschiede. Katherine Weinberg, Ärztin am renommierten Harvard-Kinderspital, ist bekannt für ihre Verhaltensstudien an Babys. In einem Alter, in dem Geschlechtsunterschiede ohne Hilfestellung durch rosa und hellblaue „Etikettierung" nicht leicht wahrnehmbar sind, machte Weinberg einen Baby-Stress-Test.[78] Die Mütter wurden aufgefordert, ihren Babys, welche zuvor in Maxi-Cosi-ähnlichen Autositzen fixiert worden waren, für 15 Sekunden den Rücken zu kehren. Anschließend sollten sie sich umdrehen und ihr Baby mit dem gleichgültigsten Gesicht ansehen, ohne jede Veränderung der Mimik oder sichtbare Zuwendung. Dies sollte ganze zwei Minuten durchgehalten werden. Dann sollten die Mütter sich wieder für 15 Sekunden abwenden. Anschließend konnten die Babys wieder, wie gewohnt, freundlich und liebevoll behandelt werden.

Für die kleinen Mädchen wie für die Jungen stellte es einen großen Stressfaktor dar, das Gesicht der vertrauten Bezugsperson so desinteressiert und abwesend zu sehen und keine Reaktion provozieren zu können. Als unerwartet spektakulär jedoch entpuppte sich der Geschlechtsunterschied in der Reaktion der ganz kleinen Erdenbürger. Die Baby-Mädchen gerieten längst nicht so aus der Fassung wie die Jungen. Mädchen hatten, wie es schien, ein viel größeres Repertoire an Handlungen parat, mit denen sie sich selbst beruhigen konnten, und sie machten davon auch häufiger Gebrauch als Jungen. So sahen die Mädchen häufiger weg, offenbar eine sehr effiziente Methode, um dem ungewohnt reglosen und lieblosen Gesicht der Mutter auszuweichen, sie lutschten am Daumen oder hielten ihre eigenen Händchen fest. Ganz anders die kleinen Jungen. Sie gerieten viel schneller aus der Fassung, weinten, quengelten und wanden sich in ihren Sitzchen.

In minutiöser Kleinarbeit wertete Weinberg hunderte Stunden Videomaterial aus und machte eine weitere erstaunliche Entdeckung. Ihr fiel auf, dass die Mütter von Jungen in Stresssituationen viel stärker synchronisiert waren als Mütter von Mädchen. Nicht liebevoller, aber sie waren aufmerksamer, überwachten jede Regung lückenloser und reagierten meist, bevor die Situation außer Kontrolle geraten konnte. So als wüssten sie instinktiv über die größere Verletzlichkeit der Jungen Bescheid. Diese weinten nach der Stresssituation meist noch mehr als vorher, schienen regelrecht beleidigt zu sein und waren viel schwerer zu versöhnen als die Mädchen.

Weinberg überprüfte, ob Jungen vielleicht deshalb empfindlicher reagieren, weil sie wichtiger genommen werden als Mädchen. Doch die Probanden kamen aus den denkbar unterschiedlichsten Kulturen. Mütter schienen alleine aus dem Grund aufmerksamer auf die Jungen zu reagieren, weil die Feinabstimmung mit ihnen offenbar von der Mutter einen höheren Einsatz erfordert. Und die Ergebnisse der Weinberg-Studie belegten nur noch einmal, was in zahlreichen Studien an älteren Kindern bereits nachgewiesen worden war. Jungen werden von emotionalem Stress eher aus der Bahn geworfen als Mädchen. Sie leiden wahrnehmbarer bei Scheidung der Eltern oder Tod eines Elternteils. Das bedeutet nicht, dass sie mehr leiden als Mädchen, diese haben jedoch offensichtlich bessere Ressourcen, um sich selbst zu helfen. Schon in ganz jungen Jahren erweisen sich Mädchen als emotional stabiler. Sie brauchen natürlich ebenso viel Wärme und Zuwendung von ihren Bezugspersonen, aber „Jungen", so formuliert es Weinberg, „sind von Beginn an die forderneren Partner."

So sehr kleine Jungen aber für sich selbst Zuwendung einfordern – wenn es um Empathie geht, sind sie offenbar weniger empfindlich. Der New Yorker Psychologe Martin Hoffmann untersuchte das Verhalten von Neugeborenen, die, kaum das Licht der Welt erblickt, noch weit vom Verdacht der Indoktrination mit gesellschaftlich aufoktroyierten Geschlechterrollen entfernt waren. Diese Frischlinge beschallte Hoffmann mit verschiedenen Lauten, darunter Tierstimmen, Computerstimmen von Erwachsenen und Weinen von Säuglingen, um ihre Reaktion zu testen. Alle Kinder, Jungen wie Mädchen, reagierten am heftigsten auf das klägliche Weinen eines verlassenen Säuglings. Mädchen zeigten jedoch deutlich heftigere Reaktionen als Jungen, in einer solchen Weise, dass man beinahe versucht ist, bereits in diesem Alter von Anteilnahme zu sprechen.[79]

Empathie ist nämlich nicht einfach das Bedauern eines armen Schweins, dem etwas zugestoßen ist, sondern das Miterleben der Gefühle eines anderen, die Fähigkeit, sich an dessen Stelle versetzen zu können. Besonders überraschend ist dabei, dass sich Geschlechtsunterschiede bereits bei Neugeborenen nachweisen lassen, da Kinderentwicklungspsychologen davon ausgehen, dass sich die Fähigkeit echter Empathie erst um den siebten Geburtstag entwickelt. Hier geschlechtsspezifische Unterschiede bei Säuglingen zu finden, deutet auf grundlegend verschiedene biologische Anlagen hin.

Die Psychologin Robyn Fivush von der Emory Universität stellte fest, dass Jungen und Mädchen, die mit 18 Monaten noch gleich viele Wörter benützen, um ihre Gefühle auszudrücken, bereits mit drei Jahren deutliche Geschlechtsunterschiede aufweisen. Fivush forderte Jungen und Mädchen auf, emotional aufwühlende Begebenheiten aus der Vergangenheit zu erzählen, und stellte fest, dass Mädchen viel detailreicher von ihren Abenteuern erzählten als Jungen. In ihren Schilderungen gingen sie besonders auf Personen und Beziehungen ein. Fivush, welche selbst Geschlechtsunterschieden skeptisch gegenübersteht, kam jedoch immer zu ähnlichen Ergebnissen, auch wenn sie Aufgaben stellte, die nicht mit Sprache zu tun hatten.[80]

Der Ethologe Karl Grammer vom Wiener Institut für Stadtethologie hat in seinen Frühwerken das Verhalten von Kindergartenkindern untersucht und dabei entdeckt, dass Jungen wilde Bewegungsspiele bevorzugen und auch in ihrem Phantasiespiel aggressive übernatürliche Vorstellungen vorherrschen, während das Spiel der Mädchen von persönlicher, verbaler und emotionaler Interaktion gekennzeichnet ist.[81]

Der renommierte Psychologe Simon Baron-Cohen vom Trinity College in Cambridge macht bereits in diesem zarten Alter den Einfluss der Geschlechtshormone verantwortlich für die Bevorzugung von geschlechtsspezifischem Verhalten. Ihm fiel besonders die frühe geschlechtstypische Bevorzugung von Spielzeug auf, welche hartnäckig immer wieder auftritt, auch wenn sich die Eltern dezidiert um eine geschlechtsneutrale Behandlung dieses Themas bemühen. Meine Rührung über den Wunsch meines damals vierjährigen Sohnes Tommy, der sich eine Barbie-Puppe wünschte, schwand schnell angesichts der Verwendung, die diese fand. Offenbar hatte die ursprüngliche List, sich mit Hilfe der Puppe eine Eintrittskarte in das Zimmer seiner Schwester zu besorgen, nicht gefruchtet. Alleine gelassen in seinem Zimmer, konnte ich Tommy dabei beobachten, wie er Holzstifte kraftvoll in Bauklötze trieb. Die Puppe benutzte er als Hammer.

Um der Entwicklung geschlechtsspezifischen Verhaltens auf die Spur zu kommen, filmte Simon Baron-Cohen Mütter auf Spielplätzen, die mit ihren etwa einjährigen Kindern kommunizierten. Den Forscher interessierte vor allem die Häufigkeit von Blickkontakt zwischen Kind und Mutter. Dabei hatte er eine Vorabinformation. Die Mütter in der Studie hatten während der Schwangerschaft eine Fruchtwasseruntersuchung machen lassen, und dabei war unter anderem der Testosterongehalt bestimmt worden. Die Ergebnisse waren verblüffend.

Je mehr Testosteron im Mutterleib auf das Kind gewirkt hatte, umso weniger war dieses in der Lage, Augenkontakt herzustellen. Eine Nachuntersuchung brachte auch noch zutage, dass, je höher der Testosteronlevel im Fruchtwasser gewesen war, der Wortschatz im Alter zwischen 18 und 24 Monaten umso kleiner war.[82] Simon Baron-Cohen ist auch Leiter des Cambridge Autism Research Center. Seine Patienten dort sind „mindblind", das heißt gefühlsblind. Sie sind nicht in der Lage, die Gefühle anderer Menschen zu erfassen. Dustin Hoffman stellte in „Rain Man" in einzigartiger Weise den Autisten Raymond dar, der eine übernatürliche mathematische Begabung besitzt, aber keinerlei emotionale Intelligenz. Autisten sind von der Zuwendung durch ihre Mitmenschen zutiefst beunruhigt und finden Trost in schwierigen abstrakten Aufgaben, erkennen Regelmäßigkeiten in endlosen Zahlenreihen und besitzen die Fähigkeit, sich mit unendlicher Hingabe in völlig nebensächliche Details zu vertiefen.

Der Autismus und seine mildere Form, das Asperger-Syndrom, betreffen zu 90 % Männer. Baron-Cohen geht so weit, im Autismus den Archetypus des männlichen Denkens zu sehen. Schlechter Augenkontakt, Schwierigkeiten, sich sprachlich auszudrücken, und mangelnde Fähigkeit, sich von anderen angesprochen zu fühlen oder sich gar in sie hineinzuversetzen, sind nicht nur die Markenzeichen des Autismus.[83]

Emotionaler Missbrauch
– Mama, hast du mich entfremdet?

Rhesusaffen und Rabenmütter

Das süße Rhesusaffenbaby blickt neugierig aus seinen großen,
altklugen Augen, zur Rührung des Betrachters. Es lutscht am
Daumen und kuschelt sich dicht und vertrauensvoll an das
Frotteehandtuch, welches das Drahtgestell umspannt, auf dem
es sitzt und auf dem es sich sichtlich geborgen fühlt – es ist so
menschlich. Plötzlich hört man ein beunruhigendes Surren,
und von dem unsichtbar eingebauten Katapult der Apparatur
geschleudert fliegt das Kleine durch die Luft. Hilflos greifen
die Händchen ins Leere, angstverzerrt ist das kleine Gesicht.
Hart klatscht es auf den Boden, bleibt verwirrt einen Moment
lang sitzen, sammelt sich, blickt gehetzt, verunsichert – besinnt
sich und läuft schnurstracks wieder zu dem Drahtgestell, das
mit dem Frotteehandtuch bespannt ist, erklimmt es, kuschelt
sich fest an und beginnt augenblicklich wieder am Daumen zu
lutschen. Seine großen, altklugen Augen blicken den Betrachter an – vorwurfsvoll?

Harry Harlow von der Universität Wisconsin wurde mit
seinen „Rabenmutter"-Versuchen in den 1960er Jahren welt-
bekannt.[84] Die Bedeutung der Eltern-Kind-Bindung wurde
damals noch nicht verstanden, Kindern – insbesondere Jungen
– wurde absichtsvoll körperliche Nähe verweigert, da man sie
nicht verweichlichen wollte. Um seine spektakulären neuen
Denkansätze zu untermauern, testete Harlow verwaiste Rhe-
susaffenbabys, um festzustellen, worauf man eine „Mutter" re-
duzieren kann, damit ein Waisenkind sie gerade noch als solche

akzeptiert. Die Präferenzen der winzigen Tiere waren eindeutig. So suchten sie unter sämtlichen angebotenen Drahtgestellen jenes aus, an dessen „Fell" man sich am besten anhalten und ankuscheln konnte, selbst wenn diese „Mutter" keine Trinkflasche eingebaut hatte. Das Kleine lief im Falle des Hungers schnell zu dem kahlen Drahtgestell mit der Trinkflasche, um anschließend, wenn der Durst gestillt war, rasch wieder zu dem bevorzugten Gestell mit dem Kuschelfell zurückzueilen. Sicherheit kommt vor der Sättigung, das bleibt ein ganzes Leben so und ist deshalb auch wenig überraschend. Interessant wurde es in dem Moment, da das auserwählte Gestell zur „Rabenmutter" umfunktioniert wurde. Harlow baute den Gestellen, welche die Kleinen für sich als Mutter erwählt hatten, Katapulte ein. Obwohl nun das arme Kleine mit einiger Regelmäßigkeit „verstoßen", das heißt regelrecht weggeschleudert wurde, kam es immer wieder dorthin zurück.

Der grausame Versuch enttarnte damit ein damals noch völlig unbekanntes und ebenso bemerkenswertes wie problematisches Charakteristikum in der Ausstattung von Traglingen, zu welchen auch unsere menschlichen Babys gehören: Haben sie ihre Bezugsperson gewählt, bringt sie nichts und niemand mehr von ihr ab, selbst dann nicht, wenn gröblichste Misshandlungen vorfallen. Die Jugendämter wissen ein Lied davon zu singen, denn immer wieder sind sie im Angesicht von Kindesmisshandlung vor die Frage gestellt, was dem Kind mehr schadet: dass es misshandelt wird oder dass es seine Bezugsperson verliert.

Mütter sind, wenn sie Hauptbezugsperson für ihre Kinder sind, auf diese Weise mit einer grenzenlosen Macht ausgestattet. Die allermeisten gehen damit in gebührlicher Weise sorgsam und verantwortungsvoll um. Aber die Versuchung ist groß, die bedingungslose Abhängigkeit und Zuneigung der Kleinen auch zu benützen. Mal hier, um Gehorsam durchzusetzen mit ein wenig gekonntem Liebesentzug. Mal dort, indem das Kind als Verbündeter in sozialen Auseinandersetzungen rekrutiert wird.

„Immer die Buben!"

Bei unseren Kindern ist bereits ein emotionaler Werkzeuggebrauch zu beobachten. Vor allem Mädchen haben diesen perfektioniert, und die Jungen tappen immer wieder in die Fallen. So kommt mein Sohn betrübt von der Grundschule nach Hause: Er hat eine Strafarbeit ausgefasst, sechs zusätzliche Sätze sind zu schreiben, eine schier unüberwindliche Hürde für einen Siebenjährigen, der zudem auch noch überhaupt nicht gerne schreibt. Was ist passiert? „Das ist so gemein!", stößt er hervor, „die Mädchen ärgern mich die ganze Zeit und ich wehre mich nur einmal – und das sieht dann die Lehrerin." Ein Klassiker. Ich kenne das aus zahlreichen Interaktionen meiner beiden Kinder daheim. Isabella kann Tommy ärgern, indem sie ihn nur schief anschaut, verächtlich eine Augenbraue hebt und schließlich, indem sie überhaupt nur mehr schaut. Für den Außenstehenden ist überhaupt nicht ersichtlich, dass hier ein Streit im Gange ist. Aber der Junge läuft rot an, stößt erst drohende Laute aus, entblößt die untere Zahnreihe und ist schließlich so entnervt, dass er hinschlägt. „Hör auf", sage ich als Mutter. „Aber sie ärgert mich dauernd!", schreit Tommy empört. „Ich mach' gar nichts", sagt Isabella von oben herab.

In der Schule dasselbe Spiel. Die Mädchen tuscheln untereinander, werfen sich Blicke zu, kichern verhalten und verkneifen sich das Lachen. Oder sie strafen einander, indem sie den Blick demonstrativ abwenden, als könnte sie nichts weniger interessieren. Jungen bleiben bei diesen feinen Spielchen leicht außen vor. Sie rempeln einander lieber oder nehmen einander Stifte und Hefte weg, um damit durch die Klasse zu rennen. Die Mädchen entwickeln oft großes Geschick darin, die

Buben „vorzuführen". Leise und von der Lehrerin unbemerkt triezen sie die Jungen so lange, bis diese auf ihre typisch körperliche Art reagieren. Dann saust das Heft auf den Kopf der Delinquentin nieder. Selbstverständlich muss die Lehrerin da Einhalt gebieten. Das Mädchen ist sich keiner Schuld bewusst, sieht die Lehrerin mit leidenden Dackelaugen an: „Immer die Buben!"

Dass dieses Spiel bei weitem nicht auf die noch unausgereifte Kinderwelt beschränkt ist, konnte ich vielfach bei Familieninteraktionen beobachten. Meine Mutter gehört noch zu jener Generation, die der Meinung war, dass Männer aufgrund völliger Unfähigkeit im Umgang mit Kindern besser daran tun, der Kinderstube so weit wie möglich fern zu bleiben. Sie hatte vor allem mit meinem Schwager wilde Sträuße auszufechten, was den Umgang mit Kindern im Allgemeinen und mit seiner Tochter und ihrer jüngsten Enkelin im Besonderen anlangte. Darauf angesprochen meinte meine Mutter empört, sie würde doch nie etwas gegen ihn sagen! Das war sicherlich zutreffend. Aber zur rechten Zeit die Augen gegen den Himmel geschlagen oder angesichts einer weniger geglückten Interaktion ein tiefer Seufzer gepaart mit einem hoffnungslosen Kopfschütteln – das war beredter als tausend Worte.

Aus vielerlei Gründen haben Mütter die Nase vorne in der Kindererziehung. Zunächst sind sie mit ihrer weiblichen Ausstattung, Gefühle bei sich und bei anderen wahrzunehmen, sie zu interpretieren und gemäß ihrer Erkenntnis einzuordnen und richtig darauf zu reagieren, Männern in den meisten Fällen überlegen. Des Weiteren verbringen sie in der Regel sehr viel mehr Zeit mit ihren Sprösslingen, vor allem, wenn diese noch klein sind. Und ich wage zu behaupten, dass Kindererziehung auch ein Handwerk ist – learning by doing –, denn alles, was ich häufiger tue, mache ich besser. Aber der wirklich größte Bonus, den die Natur Müttern überantwortet, die sich um ihre Kinder kümmern, ist der Status der Hauptbezugsperson.

Einmal mit diesen Meriten ausgestattet, ist dem emotionalen Werkzeuggebrauch Tür und Tor geöffnet. Kinder folgen nicht, weil sie sonst keine Belohnung bekommen oder sie sich vor Strafe fürchten; sie folgen, weil sie die Mutter so lieb haben. Sie wollen ihr gefallen und würden vieles tun und in Kauf nehmen für ihre Zuwendung und Liebe. Von dieser hängt schließlich ihr Gedeih ab, an sie sind sie emotional gebunden. Sich ihrer Zuneigung zu versichern, erzeugt das Urvertrauen, auf dem alle anderen Verhaltensweisen aufbauen, die von uns menschlichen Wesen in Ermangelung von Instinkten so minutiös gelernt werden müssen.

Entfremdung

„Papa, wir können uns nicht sehen, die Mama erlaubt es nicht!"
Nach kurzer Stille hört man deutlich im Hintergrund die Stimme der Kindesmutter:
„Melanie, du wolltest doch dem Papa etwas sagen, sag' es ihm jetzt!"
Darauf die Stimme des Kindes mit seltsamem Nachdruck:
„Papa, ich mag dich nur noch sehen, wenn die Mama dabei ist, denn ich habe Angst."
Auf das Nachfragen des Kindesvaters fährt Melanie fort:
„Du lässt mich immer allein. Mama und du geht zu Gericht, und da wird dir die Richterin das schon erklären, dass du mich nur noch mit der Mama sehen darfst. Das ist meine Meinung, und das hat mir die Mama nicht eingeredet."
Der Kindesvater kennt die Argumente. Er passe nicht gut genug auf sein Kind auf. Die Kindesmutter lebt in der permanenten Sorge, das Kind sei in seiner Obhut ständigen Gefahren ausgesetzt, sei nie richtig gekleidet, werde nicht ausreichend beaufsichtigt und ganz allgemein reiche sein Engagement für seine Tochter nicht im Entferntesten aus.

113

Die Mutter lebt daher nicht nur in ständiger Angst und Sorge, wenn sie das Kind – und sei es nur für kurze Zeit – dem Vater überantwortet, sie teilt dem Kind auch diese Sorge mit.

Dabei werden ganz offensichtlich sehr viel Pathos und Drama um kleinste und für sich unwesentliche Vorkommnisse an das Kind herangetragen, wenn es über seine Erlebnisse mit dem Vater berichtet. Kinder lernen von uns Erwachsenen, wie Situationen zu bewerten sind. Auf Spielplätzen oder Kinderpartys konnte ich wiederholt folgende Situationen beobachten: Stürzen Kinder und keiner sieht hin, laufen sie meist gleich weiter und verkneifen sich jegliche Schmerzäußerung. Wenn aber die Mutter hinsieht und dann vielleicht noch großes Aufhebens macht und wortreich und aufgelöst reagiert, wird meist bitterlich geweint.

Nahezu jedes Mal, wenn der Kindesvater Melanie an den Terminen, die ihm das Gericht eingeräumt hat, von der Mutter abholt, wiederholt sich dasselbe Spiel:

Nach der Übergabe des Kindes, dem Festschnallen im Kindersitz des Autos und der Abfahrt, werden häufig von Seiten des Kindes heftige, lautstark vorgebrachte Anschuldigungen an den Kindesvater geäußert:

„Papa, du bist schuld, dass ich im Spital war. Du hast mir das T-Shirt nicht gewechselt."

„Papa, nie schaust du auf mich."

„Papa, immer lässt du mich alleine!"

Nach besänftigenden Worten von Seiten des Kindesvaters folgt sofort Umschwenken auf heiteres Plaudern und Lachen. Den Rest des Tages sind Anschuldigungen kein Thema mehr.

Doch nun ist alles plötzlich anders.

In nur wenigen Tagen hat das Kind gewechselt: Dem freimütigem kindlich-offenem Fragen wie „Papa, wann sehen wir uns?", über insistentes, aber noch hoffnungsvolles „Papa, ich will dich sehen!", dann geflüstertes „Papa, …", folgt schließlich die Behauptung, den Vater nicht mehr sehen zu wollen, ja

Angst vor ihm zu haben, und abschließend die wenig kindgerechte Überlegung, der Papa solle mit der Mama zur Richterin gehen, welche dann das Kind auch noch als seine eigene Idee darzustellen versucht. Diese „Entwicklung" fand innerhalb von wenigen Tagen statt und erinnert an das bereits in den 1980er Jahren beschriebene Entfremdungssyndrom.

Das Parent Alienation Syndrom (PAS) bzw. die Eltern-Kind-Entfremdung (EKE) wurde erstmals in den 1980er Jahren von dem US-amerikanischen Hochschullehrer und Kinderpsychiater Richard Gardner formuliert.[85] Die Crux besteht darin, dass die geschiedenen Elternteile, aber auch professionelle Betreuungspersonen, die Paarproblematik nicht von der Elternverantwortung trennen können. Die Ablehnung eines Elternteils durch das Kind erwächst hierbei nicht aus einem Missbrauch oder einer tatsächlichen Vernachlässigung, sondern aus der subtilen Manipulation des Kindes durch den jeweils Erziehungsberechtigten. In der ersten Stufe kann das Kind noch vor beiden Eltern zugeben, dass es Kontakt zu Vater *und* Mutter haben möchte. In der mittleren und zweiten Stufe verleugnet das Kind seinen Wunsch nach Kontakt mit dem nicht erziehungsberechtigten vor dem erziehungsberechtigten Elternteil, es leugnet seine Zuneigung zum entfremdeten Elternteil, kann aber die Zuneigung zugeben, wenn der entfremdende Elternteil nicht zuhört. Als dritte und schwerste Stufe gilt das völlige Verweigern des Umgangs mit dem Besuchsberechtigten.

Der Verlust eines Elternteils nach der Scheidung ist für das Kind eine ganz besonders tragische Erfahrung: „Elterntrennung bedeutet für das Kind, einen Vater und eine Mutter zu haben, die sich nicht mehr lieben. Dadurch geraten die meisten Kinder in einen Loyalitätskonflikt, weil sie nicht wissen, ob sie weiterhin beide Eltern gleich lieben dürfen. Wird der kindliche Loyalitätskonflikt von einem Elternteil jetzt missbraucht (bewusst oder unbewusst), um das Kind dahingehend zu beeinflussen, dass es den anderen Elternteil ablehnt, entsteht

PAS. [...] Das manipulierte Kind erfährt dabei, dass es unloyal gegenüber dem manipulierenden Elternteil ist, wenn es zum ‚Besuchselternteil' hingeht und einen schönen Nachmittag mit ihm verbringt. Es ist unloyal, wenn es den anderen liebt."[86] Laut einer holländischen Studie kommt es bei 21 % der schweren Fälle der Entfremdung zu Persönlichkeitsentwicklungsstörungen beim Kind.[87] Väterorganisationen bezeichnen PAS als „andere Form von Kindesmissbrauch". Seelische Misshandlung im Sinne von PAS steht heute in einer Reihe mit sexuellem Missbrauch und Vernachlässigung.[88]

Die Entfremdung der Kinder von einem Elternteil ist zwar nicht exklusiv weiblich, allerdings sind es nach einer strittigen Trennung zu 98 % die Mütter, denen die Rolle des alleine erziehungs- und obsorgeberechtigten Elternteils zuerkannt wird. In derselben Häufigkeit werden Väter zu Besuchern und Zahlvätern degradiert.

Opa Lorenz erzählte jüngst im Kreise der Familie eine lustige Begebenheit. Mit einer Gruppe Kindern, darunter meine Tochter Isabella, damals rund zehn Jahre alt, hatte er eine Radtour unternommen. Isabella konnte offenbar nach längerer Fahrt nicht mehr weiter, stieg vom Rad und erklärte zornig: „Ich habe keine Kondition, weil der blöde Papa nie etwas mit mir macht!" Die Familie lachte schallend über die launige Geschichte, nur Isabella, inzwischen 18 Jahre alt, sah mit süffisantem Lächeln über den Tisch hinweg zu mir und fragte leichthin: „Mama, hast du mich entfremdet?"

Mord und Totschlag

Die „schwarze Witwe"

„Ich würde niemals töten!" Ernsthaft und treuherzig blickt Elfriede Blauensteiner in die auf sie gerichtete Kamera. Stolz präsentiert sie sich den drängenden Journalisten, die vor Wissensdurst schier zu bersten scheinen. Ein großes goldenes Kreuz hält sie ihnen entgegen, wie um den Satan des grausigen Verdachts von sich zu weisen.

Vier Wochen lang beherrscht das Sterben des 77-jährigen ehemaligen Postamtsleiters Alois Pichler aus der Wachau den Prozess im Kremser Schwurgerichtssaal. Die Angeklagte soll Pichler in seinem Zimmer eingesperrt haben, dort taumelte der alte Mann hilflos umher, stürzte gegen Möbel und verletzte sich. Blauensteiner soll ihm nasse Tücher aufgelegt haben, sie drehte die Heizung ab, öffnete an diesem kalten Wintertag die Fenster – und wartete. Wenige Stunden später war Alois Pichler, den Blauensteiner liebevoll „Burli" nannte, tot.

Elfriede Blauensteiner hatte den alleinstehenden Niederösterreicher mit Hilfe einer Anzeige gefunden. „Witwe möchte mit verwitwetem Herrn einen ruhigen Lebensabend verbringen", so lautete ihr unprätentiöses Zeitungsinserat am 4. Juli 1995. 80 Herren schrieben voll Hoffnung zurück.

Die sogenannte „schwarze Witwe" machte sich eiskalt und tückisch auf Opfersuche: Vermögend mussten die Herren sein, wenige, besser überhaupt keine Angehörigen haben. Möglichst alt sollten sie sein und am besten auch krank. In diesem Fall fiel die Wahl auf Alois Pichler. Sie blieb gleich in der ersten Nacht bei ihm, um sein Vermögen in Augenschein zu nehmen: Etwa drei Millionen Schilling auf den Sparbüchern, ein kleines Haus mit Garten. Sechs Wochen später war der Pensionist tot, 1,2 Millionen fehlten von den Konten, und sein Testament war zu ihren Gunsten gefälscht.

Die Gerichtsgutachterin Sigrun Rossmanith attestierte Blauensteiner eine ungewöhnlich hohe emotionale Intelligenz. Blitzschnell war sie in der Lage, ihr Gegenüber zu taxieren und einzuschätzen. Geschickt und im charmanten Plauderton lenkte sie Gespräche auf unwichtige Details. Gleichzeitig aber war sie eiskalt und berechnend, die Allegorie des weiblichen Sadismus. Sie war Spielerin und hatte Schulden. Das ergaunerte Vermögen brachte sie rasch an Spieltischen durch, worauf sie sich bald gezwungen sah, neue Opfer zu suchen. Insgesamt fünf Morde wurden Blauensteiner zur Last gelegt. Schuldeinsicht erwartete man vergeblich, Blauensteiner war es wichtiger, dass ihre Frisur vor der Kamera richtig saß. „Passen Sie auf, dass die Beleuchtung stimmt, ich bin schließlich prominent!"

Der Fall Blauensteiner, der vor über zehn Jahren die österreichischen Gerichte beschäftigte, mag vielen von uns als spektakulär und grausig in Erinnerung geblieben sein. Vielleicht vor allem deshalb, weil Elfriede Blauensteiner keine typische Mörderin war. Stephan Harbort, Kriminalhauptkommissar in Düsseldorf, schreibt in seinem Artikel „Die Mörderin – Vom Wesen weiblicher Tötungsdelinquenz":

„Besonders beunruhigend sind Tötungsdelikte, wenn dabei gleichsam grundlegende gesellschaftliche Rollenerwartungen verletzt werden. Wenn Frauen töten, ist das so. Denn Tötungskriminalität ist vornehmlich Männersache. Es gibt beispielsweise kaum Amokläuferinnen, Sexual-, Raub-, Serien- oder Massenmörderinnen. Männliche Gewalt ist der gesellschaftlich akzeptierte Maßstab für Normverletzungen und Unterdrückung, die tötende Frau hingegen ist der betörende und verstörende Gegenentwurf."[89] Harbort sieht in der weiblichen Gewalt kein bloßes Anhängsel männlicher Gewalt, sie stehe ihr vielfach sogar entgegen und habe einen eigenständigen

Charakter.[90] Mord und Totschlag waren immer und sind nach wie vor zu 90 % Männersache, dies belegt eindrucksvoll die Kriminalstatistik der Justizbehörde in den USA. Lediglich 10 % aller Gefängnisinsassen überhaupt sind weiblich, ein Wert, der seit 1989 unverändert besteht. Betrachtet man die erwachsenen Delinquenten alleine, ohne jugendliche Täterinnen zu berücksichtigen, so sinkt die Anzahl weiblicher Straftäterinnen auf 7,3 %, und das, obwohl der Anteil krimineller Frauen in den USA den höchsten der Welt darstellt. Die Vermutung liegt nahe, dass unter bestmöglicher Gleichstellung der Geschlechter dies die höchste Verbrechensrate ist, zu der Frauen fähig sind. In manchen Ländern, wie z. B. Indien, wo die Gleichstellung der Geschlechter noch etwas auf sich warten lässt, geht der Anteil weiblicher Mörderinnen gegen 0 %.[91] Europäische Zahlen liegen deutlich unter den US-amerikanischen. So sind etwa in Österreich 5,7 %, in Belgien 4,1 %, in Deutschland 4,8 % und in Großbritannien 6,1 % aller Strafgefangenen weiblich. Eine interessante Trendumkehr ergibt sich bei Tötungsdelikten. In Deutschland sind 84,6 % der Tatverdächtigen bei Mord männlich, bei Totschlag sind es 87,8 %. Ein erstes Indiz auf unterschiedliche männliche und weibliche Motive, zu töten, zeichnet sich in diesen Zahlen bereits ab. Wenn Männer töten, ist es häufiger Totschlag, wenn Frauen jemanden umbringen, ist es deutlich häufiger Mord. Das bedeutet, dass Frauen, wenn sie töten, weitaus seltener ihrem Affekt unterliegen als Männer. Das bedeutet auch, dass Frauen, wenn sie hinter Gitter wandern, länger einsitzen, und das hat nur einen einzigen plausiblen Grund: Ihre Tat ist häufig(er) geplant.

Das mörderische Geschlecht?

David Buss, Professor für Evolutionäre Psychologie an der Universität Texas, ist mein Lieblingssoziobiologe. Mit seinen

berühmten Studien über Partnerwahl in 37 Kulturen[92] hat er
manch wissenschaftlichen Leckerbissen zubereitet, auch wenn
der Denkansatz dieser Forschungsrichtung ziemlich einseitig ist. Männer und Frauen fühlen aus dem Blickwinkel der
Soziobiologie rein aus dem Grunde verschieden, weil ihnen
bei der Reproduktion verschiedene Rollen zukommen. Die
Vertreter dieser Denkrichtung stellen sich uns Menschen als
einen Sack voll egoistischer Gene vor, die unser Verhalten in
den Dienst eines einzigen Zweckes stellen: sich bestmöglich
und vor allem so häufig wie möglich selbst zu reproduzieren.
So reduktionistisch und einseitig dieser Ansatz auch erscheinen mag, so auffallend stimmig sind die Prognosen männlichen
und weiblichen Verhaltens.

Dies lässt den Verdacht aufkeimen, dass der Einfluss unseres
ursprünglichsten und tief biologischen Zwecks während unseres Gastspiels auf diesem Planeten doch noch manches Hand-
lungsmotiv beisteuert.

In seinem Werk „The Murderer Next Door: Why the
Mind is Designed to Kill" enttarnt David Buss die Neigung
des Mannes zum Mörder.[93] Männer, so Buss, sind das „mör-
derische Geschlecht". Sie sind omnipräsent in allen Kulturen
und allen Epochen. „Eine verängstigte Gruppe von Flücht-
lingen, Männer und Kinder, wurde von einer marodierenden
Bande schwer bewaffneter Frauen brutal niedergemetzelt."
Diese Schlagzeile würde gewiss für äußerste Verwunderung
sorgen. Frauen bilden keine Banden, um andere Volksgruppen
zu überfallen, keiner Frauengruppierung, und sei sie noch so
radikal, würde einfallen, alle Frauen zu töten und die frucht-
baren Männer zu rauben. Männer und Frauen töten aus völlig verschiedenen Gründen. Kenneth Polk vom Criminology
Department der Universität Melbourne hat mehrere Aspek-
te erarbeitet, warum Männer morden. Etwa ein Fünftel aller
Morde geht auf Rivalenkämpfe zurück. Junge Männer tragen
Meinungsverschiedenheiten aus – meist unter Alkoholeinfluss

– mit Todesfolge. Oft sind es Lappalien, die zu Kämpfen auf Leben und Tod führen: Ein verächtlicher Blick, ein herablassendes Wort genügen dann schon. Ähnlich häufig sind Morde an Mitwissern einer Straftat: Das Opfer eines Raubes oder einer Vergewaltigung soll nicht mehr aussagen können. Täterinnen sind in diesen beiden Kategorien zu vernachlässigen. Es scheint ein rein männliches „Privileg" zu sein, fremde Menschen zu töten.

Rund 10 % der Tötungsdelikte werden von Männern deshalb begangen, weil Mord in dem entsprechenden Milieu als probates Mittel angesehen wird, ökonomische und soziale Konflikte zu regeln. So tötet z. B. ein Drogendealer einen Geschäftspartner, von dem er sich betrogen fühlt.

20 % der von Männern begangenen Morde geschehen aus Eifersucht. Die Frau wird in flagranti mit dem Nebenbuhler im Bett erwischt, was dazu führen kann, dass der Ehemann von seinen negativen Emotionen im wahrsten Sinne des Wortes übermannt wird. Er richtet die Frau und meist auch gleich den Nebenbuhler mit dazu – in einem Aufwaschen sozusagen. Der Rest der Morde, die von Männern begangen werden, hat verborgenere Motive. Serienkiller und Massenmörder sind – der Popularität Elfriede Blauensteiners zum Trotz – nahezu ausschließlich männliche Exponate in der Täterstatistik.[94]

Auch Männer sind demnach in der Lage, aus Berechnung zu töten; viel mehr als Frauen unterliegen sie aber auch ihrem Affekt und sind daher leichter dingfest zu machen. Selbst dann, wenn beide, Männer und Frauen, ihre Tat planen.

Der amerikanische Soziologe Michael D. Kelleher hat Fälle von weiblichen und männlichen Serienmördern verglichen und entdeckt, dass die Polizei im Falle eines männlichen Verdächtigen im Schnitt vier Jahre braucht, um diesen zu überführen. Bei Täterinnen dauert es doppelt so lange: Acht Jahre beschäftigt im Schnitt eine Serienmörderin die ermittelnden Beamten.[95]

Kelleher führt den Unterschied darauf zurück, dass Frauen aufgrund ihrer geringeren Körperkraft mehr Planung und Überlegung in ihr „Werk" investieren müssen und daher schwerer zu fassen sind. Vielleicht sind Frauen in einer solchen Extremsituation eher in der Lage, ihre Emotionen hintanzustellen – im Dienste der Sache. Vielleicht wird Frauen eine derart bestialische Tat aber auch einfach nicht zugetraut – bis die Beweise sie unleugbar überführen. Es ist eine Tatsache, dass Frauen sich häufiger in der Opfer- als in der Täterrolle finden. Besonders gefährlich für sie sind die eigene Familie und der Freundeskreis. Wenn Frauen umgebracht werden, dann meistens vom Freund oder Ehemann bzw. Ex-Freund oder Ex-Ehemann. Viele Kriminalstatistiken zeigen, dass Frauen eher Verbrechensopfer als Täterinnen sind. Hollywood trägt diesem Umstand gerne Rechnung, und so müssen Frauen, häufig spärlich bekleidet und unter lautem Kreischen, in einer Situation der Bedrohung ihres natürlich männlichen Retters harren. Frauen sind aber lediglich zu 45,1 % Opfer von Morden und zu 32,2 % von Totschlag. Aus diesen Zahlen geht hervor, dass Männer sowohl häufiger Täter als auch Opfer von Gewaltverbrechen sind.

Tatsächlich haben Frauen allerdings ein hohes, nachgerade exklusives Risiko, Opfer von Sexualverbrechen wie Vergewaltigung, sexueller Belästigung oder von Kindesmissbrauch zu werden. Opfer von Vergewaltigungen sind zu 95,3 % weiblich. Und wieder ist es in der Familie und im Freundeskreis besonders gefährlich. Bei Vergewaltigungen sind 98,9 % der Tatverdächtigen Männer aus dem sozialen und kulturellen Umfeld des Opfers.

Die unselige Verknüpfung von Sexualität und Aggression ist wohl eine der schwersten Bürden der männlichen Ausstattung. Die Soziobiologie sieht's gelassen: Schließlich bleibt die Frau dabei am Leben und der Täter hat lediglich seine Chance auf Fortpflanzung vergrößert. Einem Mann exklusive sexuelle

Rechte einzuräumen, garantiert der Frau demnach auch einen gewissen Schutz. Solange die Frau mit dem Mann schläft, erklärt David Buss, ist sie ziemlich sicher: „Gefährlich wird es erst, wenn sie ihn verlässt. Ein verlassener Mann verliert gleich mehrfach: Seine reproduktive Ressource ist weg. Die Frau geht direkt an einen Rivalen, was bedeutet, dass dieser sich effektiver fortpflanzen kann. Und außerdem leidet er auch noch unter dem Status des Verlassenen, was seine Fortpflanzungschancen bei anderen Frauen weiter mindert. Er bezahlt also einen sehr hohen Preis für das Verhalten der Frau – und das erklärt viele Morde."[96] Frauen, so Buss, töten deshalb vergleichsweise selten, weil für sie Mord viel riskanter ist. Der Mann ist der Frau körperlich überlegen, die Gefahr, verletzt oder selbst getötet zu werden, ist für sie daher sehr groß. Im Hinblick auf abhängige Kleinkinder sollten Frauen biologisch gesehen ein besonders großes Interesse haben, am Leben zu bleiben.

Kindstötung

Es gibt jedoch ein Tötungsmotiv, bei welchem Frauen die Männer in den Schatten stellen: die Kindstötung. Hier sind die Statistiken sehr klar. Teenager-Mütter stellen für ihre Neugeborenen die größte Gefahr dar, vor allem, wenn ihnen ein Partner fehlt, der sich auch um das gemeinsame Kind kümmern will. Frauen, die noch eine lange reproduktive Phase vor sich haben, neigen offenbar eher dazu, ihr Neugeborenes zu töten, weil dies auch unter bestimmten Umständen eine Strategie darstellt, auf einen günstigeren Zeitpunkt der Reproduktion in ihrem Leben warten. Die Kindstötung kann für sehr junge Mütter demnach, biologisch betrachtet, schlichtweg eine Optimierung ihrer Fortpflanzungschancen sein – auf lange Sicht gesehen.

Leiblichen Vätern fehlt dieses Motiv, der männliche Kindsmörder ist am häufigsten der Stiefvater. Befindet sich ein solcher im Haushalt eines Kleinkindes, dann steigt dessen Risiko, ermordet zu werden, massiv an – verglichen mit einem gleichaltrigen Kind, das bei den biologischen Eltern wohnt. Was hier geschieht, ist dem nicht unähnlich, was Löwen und auch andere Tierarten tun, erläutert David Buss. Wenn ein männliches Tier ein Rudel übernimmt, tötet es nicht selten alle noch von den Muttertieren abhängigen Jungen. Auch das ist eine Strategie im Dienste der – nun allerdings der männlichen – Fortpflanzung. Sind die Jungen tot, kommt das Weibchen rascher wieder in den Östrus und der neue Rudelführer kann sich fortpflanzen. Diese Strategie des Infantizides ist für viele Tierarten, darunter auch Affen, nachgewiesen und tritt vor allem dort auf, wo der neue Herrscher stark unter Druck steht. Vielleicht hat er nicht die Zeit zu warten, bis die abhängigen Jungen entwöhnt sind, bevor der neue Usurpator ihn von seinem Fortpflanzungs-Thron stürzt.[97] Vergleichbar damit dürfte der Kindesmord von Mutterhand eine nicht gänzlich bewusstseinsnahe Reaktion auf eine ungünstige Lebenssituation sein. Die Geschichte der Kindestötung ist stammesgeschichtlich sehr alt und datiert in eine Zeit, in welcher abzuwägen war, welche Chancen bestünden, das Kind großzuziehen.[98] In Zeiten der Not und der Entbehrungen konnte es tatsächlich die bessere Strategie sein, ein Neugeborenes einfach liegen zu lassen und auf günstigere Zeiten für die Fortpflanzung zu hoffen. So ist es bei den Buschleuten in der Kalahari, im Südwesten Afrikas, nicht ungewöhnlich, dass eine Frau nach der Entbindung alleine aus dem Busch zurückkehrt.[99] Niemand wird sie fragen, wo sie das Kind gelassen hat, es ist ihre alleinige Entscheidung, ob sie es aufziehen möchte oder nicht.

In Zeiten der Kinderklappen, Frauenhäuser, Sozialfürsorge und Jugendämter, in denen adoptionswillige Paare auf langen Wartelisten aufgereiht auf eine Chance hoffen und die

Kliniken für künstliche Befruchtung wie Pilze aus dem Boden wachsen, gibt es für ein Verhalten dieser Art kein Verständnis mehr, vor allem, wenn die werdende Mutter erwachsen ist.

Eine erwachsene Frau in einer zivilisierten Gesellschaft kann sich in der Situation einer ungewollten Schwangerschaft heute viel besser zurechtfinden. Sie hat bereits Bewältigungsstrategien entwickelt, die sozial verträglicher sind, und sie muss sich zumeist vor ihren Eltern nicht mehr rechtfertigen. Soziale Unsicherheit und emotionale Abhängigkeit erklären den relativ hohen Anteil an sehr jungen und gesellschaftlich schlechter gestellten Müttern, die auch in unserer Kultur noch zu Verzweiflungstaten wie dem Kindesmord greifen. Doch so sehr sie die Boulevardpresse auch beschäftigen, weil die Leserschaft sich bei der Darstellung von Säuglingsleichen in Tiefkühltruhen, Mumien auf Dachböden und in Beton gegossenen Babyleichen so gerne gruselt: Kindesmörderinnen sind genauso wenig repräsentativ für die Frau, die tötet, wie Serienmörderinnen. Die typische Mörderin hat ganz andere Motive.

Der Hauptgrund dafür, dass Frauen töten, ist meist jahrelanges Martyrium. Sie töten Männer, von denen sie und oft auch ihre Kinder über viele Jahre misshandelt, geschlagen und vergewaltigt wurden.

Angela Browne vom Family Violence Research Center der Universität New Hampshire hat in ihrem Buch „When Battered Women Kill" 250 Lebensgeschichten von schwer misshandelten Frauen aufgezeichnet.[100] 42 von ihnen hatten – einer nicht enden wollenden Spirale der Gewalt ausgesetzt – keinen anderen Ausweg gefunden, als ihren Mann zu töten. Meist beginnt die Spirale der Gewalt schleichend mit kleinen Demütigungen und Demonstrationen der männlichen Macht, gefolgt von ersten körperlichen Übergriffen. Es sind keine starken und selbstbewussten Männer, die sich an ihren Frauen vergreifen. Meist gibt es hernach Tränen auf beiden Seiten, und Besserung wird gelobt. Die Statistik macht eines gnadenlos deutlich:

Hat einmal die Gewalt in einer Beziehung Einzug gehalten, bleibt sie für immer. Frauen verzeihen zunächst, versuchen die Motive zu verstehen, denn der prügelnde Mann schlägt aus Unsicherheit, weil er Angst hat, ihre Liebe zu verlieren. Immer wieder folgt auf grausame körperliche Züchtigung Flitterwochenstimmung, worauf sich die geschundene Frau einlässt, denn auch ihr mangelt es an Selbstwertgefühl. Oft kommt sie selbst aus einer Familie, in der häusliche Gewalt an der Tagesordnung war. Sie vermeint, es gar nicht besser zu verdienen. Dieser Kreislauf kann sich über Jahre hinziehen. Und doch kommt einmal der Zeitpunkt, an der die Geschundene sich zur Wehr setzt. Meist ist es eine Grenze, die überschritten wird, welche das Fass zum Überlaufen bringt: wenn er sich z. B. das erste Mal an den Kindern vergreift.

Die holländische Journalistin Alice Fuldauer hinterfragte die Gründe für den Wandel der Frau vom Opfer zur Täterin in ihrer Studie an 200 Gewalttaten in ihrem Land.[101] Ein deutlicher Geschlechtsunterschied begann sich alsbald herauszukristallisieren: Frauen töten – anders als Männer – nicht aus Leidenschaft. Auch in dieser Studie zeigte sich, dass Gewalt (Mord) von Seiten der Frau provoziert wurde durch eine lange Leidensgeschichte, die geprägt war durch wiederholte Flucht ins Frauenhaus, Versöhnung mit dem gewalttätigen Lebenspartner, häufige Misshandlungen und ein Gefangensein in einem schier endlosen und ausweglosen Dasein voller Qual und Demütigung ohne Chance auf Veränderung. Diese Frauen, so Alice Fuldauer, töteten, um dem nächsten Schlag des Mannes zuvorzukommen. Wenn der Mann etwa betrunken schlief, schlug ihn die Frau auf den Kopf. Eine solche Tat lässt jeden Affekt vermissen und daher auch jede Chance auf Strafmilderung. Und dennoch gaben verurteilte Mörderinnen nach ihrer Verurteilung an, erstmals von einer großen Last frei zu sein. „Ich habe es einfach nicht mehr ertragen" ist deshalb auch das häufigste Motiv, das Frauen angeben, die getötet haben. Männer sagen so etwas nicht. Männer waren nach ihrer Bluttat voller Kummer und Selbstmitleid. Selbst unter diesen Extrembedingungen sind Frauen offenbar eher in der Lage, ihre Gefühle zu kanalisieren und einzuordnen. Eine Fähigkeit, die zu seelischer Gesundung verhelfen kann.

Burnout

Psychische Gründe für Arbeitsunfähigkeit

März 2010. Ich rufe bei der Arbeiterkammer Wien an, Abteilung für Soziales. „Institut für forensische Neuropsychiatrie", melde ich mich und nenne meinen Namen. „Spreche ich mit Frau Mag. Christa Marischka?" Ich habe Glück, die Frau Magistra ist selbst am Apparat. Sie hat eine sehr lebendige, wache, ja energiegeladene Stimme, bei der man sich sogleich ermutigt fühlt, sein Anliegen vorzutragen. Ich habe eine Frage betreffend einer Recherche für meinen Chef. Er ist gerichtlich beeideter Sachverständiger für Neurologie und Psychiatrie und soll vor der Gesellschaft gutachterlich tätiger Ärzte über seine Arbeit sprechen. Die Arbeiterkammer, so meine Vorinformation, hat in Zusammenarbeit mit der Pensionsversicherungsanstalt (PVA) eine Studie erarbeitet über die Zunahme von psychiatrischen Gutachten bei Anträgen auf Frühpensionierung. Offenbar sind psychische Gründe für Arbeitsunfähigkeit deutlich im Vormarsch. Dies entspricht den Erfahrungen an unserem Institut, die Aufträge haben ganz offensichtlich in den letzten Jahren unübersehbar zugenommen. „Mein Chef hätte gerne Zahlen für seinen Vortrag", erkläre ich mein Anliegen. Frau Marischka ist sofort im Bilde. Die genaue Statistik ist noch nicht verfügbar, doch das Thema ist so brisant, dass Dr. Klaus Pirich, Chefarzt-Stellvertreter der PVA, selbst demnächst darüber referieren wird. Anschließend, so meint sie, sollen dann die Zahlen publiziert werden.

„Was würden Sie denn aus Ihrer Erfahrung heraus sagen", gebe ich mich noch nicht geschlagen, „haben Sie das Gefühl, dass Menschen heute mehr als früher aus psychischen Gründen in Pension gehen?" Mit dieser Frage bin ich an die richtige Adresse gekommen. Christa Marischka überblickt offenbar bereits einen längeren Zeitraum an Berufserfahrung, und die Frage, wie sich die Arbeitsbedingungen der Menschen in den vergangenen Jahren verändert haben, scheint ihr ein besonderes Anliegen. Vor meinem geistigen Auge entwickelt sie ein Szenario säkularer Akzeleration[102] in der Arbeitswelt.

Die Leistungen, die von den heute berufstätigen Menschen verlangt werden, seien um ein Vielfaches gestiegen, ebenso sei die Verantwortung gewachsen. Die Digitalisierung habe daran ihren Anteil, alles müsse nachvollziehbar und auf Knopfdruck zu erledigen sein. Hätten früher z. B. Literaturrecherchen Anmarschwege in Bibliotheken erforderlich gemacht, sei heute in wenigen Mouseclicks diese Arbeit erledigt. Infolgedessen würden die Menschen weniger Bewegung machen, erholsame Pausen fielen aus.

„Selbst in meinem Beruf", so erläutert Christa Marischka, deren Tonfall ihre Besorgnis und ihr Engagement in dieser Sache gleichermaßen ahnen lässt, „hat sich vieles verändert. Früher hatte ich Parteienverkehr, Menschen kamen zu mir mit ihren Anliegen, und wir sprachen von Angesicht zu Angesicht. Heute rufen sie mich an, vom Handy aus, in der U-Bahn, wo ständig die Verbindung abreißt, und die sind auch noch ungeduldig, können die Erledigung ihrer Wünsche kaum erwarten und ärgern sich, wenn man nicht gleich versteht, worum es geht, auch wenn lediglich die schlechte Verbindung schuld daran ist." Im Jahre 1995 sei die letzte Datenerhebung betreffend Sozialgerichtsverfahren durch ihre Abteilung gemacht worden, die Ergebnisse seien so besorgniserregend gewesen, dass man von weiteren Untersuchungen Abstand genommen habe. Offenbar war von höherer Stelle interveniert worden. Aber ob es nun publizierte Zahlen dazu gebe oder nicht,[103] Tatsache sei, dass die Arbeit heute viel mehr als früher und in beängstigend zunehmendem Maße die Menschen seelisch krank mache.

Burnout sei im Vormarsch, es sei keine Modediagnose für arbeitsscheue Drückeberger, sondern eine moderne Volksseuche.

Da mich in einer Arbeitswoche gut 60 Lebensgeschichten von Menschen beschäftigen, die aus dem einen oder anderen Grund um Berufsunfähigkeits- oder Invaliditätspension ansuchen, weiß ich genau, wovon Christa Marischka spricht – und dazu muss betont werden, dass unser Institut nur die strittigen Grenzfälle zu sehen bekommt; die vielen Menschen, die so offensichtlich arbeitsunfähig sind, dass ihnen die Pension ohne Wenn und Aber zugesprochen wird, kommen ja gar nicht zu einem Gerichtspsychiater. „Unsere" Kläger und Klägerinnen vor dem Sozialgericht sind daher gar nicht so eindeutig krank, und dennoch scheinen auch die strittigen Fälle immer dramatischer und vor allem immer zahlreicher zu werden.

Da ist die Krankenschwester, die zu weinen beginnt, wenn sie ein Spital nur von außen sieht. Sie schildert, wie ihr schon der Schweiß ausbrach, wenn sie die Glocke hörte, mit welcher die Patienten sie herbeirufen konnten. Dort sind der Autoverkäufer und auch der Baustoffhändler, die Panikattacken bekommen, wenn sie an mögliche Kundenkontakte denken. Und sogar ein Staatsanwalt steht vor Gericht, weil er seine Fälle mit nach Hause nahm, sie im Büro hortete oder in der Meinung weitergab, er habe sie schon fertig oder werde sie ohnehin bald diktieren. Er schlief nicht mehr und bemerkte nicht, dass er gar nicht mehr richtig funktionierte.

Ein modernes Leiden

Wolfgang Lalouschek ist Facharzt für Neurologie und medizinischer Leiter des interdisziplinären Gesundheitszentrums für Stressbewältigung und Burnout, „The Tree", in Wien.

Burnout, so Lalouschek, ist in der heutigen Arbeitswelt ein gravierendes Problem. Neben nachhaltigen gesundheitlichen

Folgen für die Betroffenen entsteht dadurch auch eine massive Beeinträchtigung der Arbeitsqualität, ganz abgesehen von den ökonomischen Konsequenzen. Burnout beschreibt ein Syndrom, das sich durch emotionale und körperliche Erschöpfung manifestiert, gepaart mit einer negativen Einschätzung der persönlichen Leistung und Kompetenz sowie einer gleichgültigen, ja zynischen Einstellung gegenüber den Menschen, mit denen man zu tun hat – seien dies PatientInnen, KlientInnen, KundInnen oder auch KollegInnen. Es kommt darüber hinaus zu sozialem Rückzug sowie psychischen und mentalen Krankheitssymptomen bei den Betroffenen.

Der Leistungsdruck ist so enorm gestiegen, dass Burnout heute längst keine Managerkrankheit mehr ist. Unter den 30 Berufen, die Burnout-gefährdet sind, rangieren ganz oben die Lehrer, gefolgt von den Sozialarbeitern, Therapeuten jeglicher Art und – interessanterweise – Hausfrauen. Bei letzteren ist die Krankheitsursache in der Hauptsache die Mehrfachbelastung durch die üblichen drei Verdächtigen: Kinder, Haushalt, Job.

Als besonders gefährdet gelten Berufsgruppen, bei welchen persönliche Zuwendung zu anderen Menschen einen wesentlichen Teil der Tätigkeit ausmacht. So weisen 20 % der ÄrztInnen manifeste Burnout-Symptome auf, dies bereits häufig in ganz jungen Jahren. Über 50 % gelten als Burnout-gefährdet.

Gute Voraussetzungen, an Burnout zu erkranken, haben Menschen mit hohem Leistungsanspruch und Persönlichkeitszügen wie Perfektionismus, die das Gefühl haben, schwierige Situationen ohne fremde Hilfe bewältigen zu müssen. Fördernd ist aber auch ein Arbeitsumfeld, das gekennzeichnet ist durch Arbeitsüberlastung und Zeitdruck, Mangel an Mitbestimmung und Kontrolle sowie Unfairness und Mangel an Belohnung, Anerkennung und Gemeinschaft.

Die Burnout-Spirale läuft meist in derselben charakteristischen Weise ab: Auf ein zunächst idealistisches Überengagement mit beginnender Vernachlässigung eigener Bedürfnisse folgen allmählich Ermüdung, Frustration, sinkende Hilfsbereitschaft. Es kommt zu Überkompensation in der Freizeit, Einsatz von Beruhigungsmitteln, Nikotin, Alkohol; erste körperliche Symptome wie Schlaf- und Konzentrationsstörungen beginnen aufzutreten, gefolgt von Anzeichen depressiver Symptome, vergesellschaftet mit Unruhe und Rastlosigkeit. Führt dies sogar zur Vernachlässigung von Freundschaften und Familie, rät Wolfgang Lalouschek dringend, einen Facharzt aufzusuchen.[104] Unbehandelt können schwere körperliche Symptome die Folge sein wie z. B. chronische Müdigkeit, Verlust der Gefühle allgemein, Lustlosigkeit, sexuelle Funktionsstörungen, häufige Infektionskrankheiten, aber auch Beschwerden das Herz und die Eingeweide betreffend. Im Spätstadium schließlich stellt sich eine schwere Depression ein, die bis zum Selbstmord führen kann.

Männer und Frauen scheinen von dem Phänomen zwar zahlenmäßig gleichermaßen betroffen zu sein, allerdings in sehr unterschiedlicher Weise. Weibliches Burnout scheint eher die Dimension „emotionale Erschöpfung" zu beinhalten, Männer finden sich häufiger in der Rubrik „Zynismus/Depersonalisierung". Dabei darf nicht aus den Augen verloren werden, dass Männer mehr Schwierigkeiten haben als Frauen, psychische Probleme überhaupt zuzugeben – vor sich selbst und vor anderen. Verschiedenste Forschungsrichtungen haben nachgewiesen, dass Männer und Frauen auf Stress unterschiedlich reagieren. Schon gehirnanatomisch fand sich ein gravierender Geschlechtsunterschied bezüglich männlicher und weiblicher Reaktion auf psychische Belastung. Männer reagieren auf negative Reize, indem sie vermehrte Aktivität im rechten Mandelkern, in der Sehrinde und im Streifenkörper (Striatum) entwickeln, während Frauen den linken Mandelkern und den Hypothalamus aktivierten. Interessant ist, dass die Mandelkerne vor allem für die Wiedererkennung von furchteinflößenden Situationen verantwortlich sind. Hier ist der Sitz der Angst, welcher eine lebenserhaltende Funktion zukommt. Bei Zerstörung der Mandelkerne wird keine Furcht mehr erlebt und es erfolgt keine Abwehrreaktion, auch nicht auf lebensbedrohliche Situationen. Dabei dürfte der linke Mandelkern besser an das Sprachzentrum der linken Hemisphäre angebunden sein, was dazu führt, dass angstbesetzte Erlebnisse in Worte gefasst und verarbeitet werden können, während der rechte Mandelkern unbewusstere Situationen, die mit Angst und Schrecken besetzt sind, speichert, was durch die geringere Ausdrucksmöglichkeit der rechten Hemisphäre zu unbewältigten Traumata führen kann.[105] Männer konzentrieren sich offenbar auf externe Reize. Sie suchen bei Angst und Gefahr einen Feind, den man bekämpfen kann, während Frauen eher auf interne Stressoren achten und versuchen, das seelische Gleichgewicht durch eine Analyse des angerichteten Schadens wieder herzustellen.[106]

„Tend and befriend" vs. „Fight or flight"

Shelley Taylor, Psychologin an der Universität Los Angeles, hat über 1000 Studien, die bis dato über die physiologische Auswirkung von Stress publiziert wurden, verglichen. Obwohl nur 17 % der Studien Frauen thematisierten, präsentierten sich geschlechtsspezifische Unterschiede augenblicklich und sehr unmissverständlich.[107]

Frauen bevorzugen bei Stress die Strategie „tend and befriend", das heißt: sich kümmern und behilflich sein. Shelley Taylor fiel auf, dass beruflich gestresste Frauen ihre Sozialkontakte aktivieren, so können sie z. B. hingebungsvoll mit ihren Kindern spielen, und sie sprechen häufiger mit Freundinnen oder Verwandten. Diese Art der Stressbewältigung nennt Taylor „cerebral", weil sie kopfgesteuert und großhirnlastig ist. Neueste Studien haben ergeben, dass Frauen am Arbeitsplatz sowohl Unterstützung als auch Stress stärker über die soziale Beziehung erleben als Männer. Außerdem wird bei Frauen unter Stress vermehrt Oxytocin ausgeschüttet, das soziales Verhalten, wie Beschwichtigung und das Suchen von Sozialkontakt, steigert. Ganz en passant werden auch der Blutdruck und der Herzschlag gesenkt. Dazu verstärkt Östrogen, das ja bei Frauen ohnedies in größeren Mengen vorhanden ist, die Wirkung des Oxytocins.

Die männliche Devise in Stresssituationen heißt dagegen eher „fight or flight" – stell' dich dem Kampf oder gib Fersengeld. Auch Männer kommen in den Genuss der wohltuenden Oxytocinausschüttung, wenn sie Sozialkontakte pflegen und mit ihren Kindern kuscheln. Unglücklicherweise setzt Testosteron die Wirkung des sozialisierenden Hormons deutlich herab.

Die „tend and befriend"-Strategie erklärt eindrucksvoll, warum Frauen oft resistenter scheinen gegen Stress am Arbeitsplatz, wie eine Studie an der Universität Greenwich nachweisen konnte. Harry Chummun, der Studienleiter, und sein Team sammelten 315 Harnproben von Krankenhausbediensteten und stellten fest, dass das weibliche Personal viel niedrigere Werte von Stresshormonen im Urin aufwies als gleichaltrige männliche Kollegen. Da bei zunehmendem Alter der Unterschied nicht mehr so groß war, vermutete Chummun, dass Östrogen sich reduzierend auf Stresshormone auswirken könne. Und in der Tat wurde seine Hypothese eindrucksvoll bestätigt. Einige ältere Studienteilnehmerinnen, die durch ungewöhnlich niedrige Werte von Stresshormonen aufgefallen waren, hatten im Zuge einer Hormonersatztherapie künstliche Östrogene genommen. Vielleicht ist das auch der Grund dafür, dass Frauen offenbar einem niederen Rang im Arbeitsleben besser standhalten als Männer:[108]

In den inzwischen legendären Whitehall Studien I und II, bei denen in den späten 1960er Jahren jeweils 18.000 bzw.

10.000 britische Beamte teilgenommen hatten, konnte bei Männern eine erhöhte Mortalität festgestellt werden, wenn sie von niedrigem Rang waren.[109] Männer in den niedrigsten Chargen wie Türsteher oder Boten hatten eine dreifach erhöhte Sterbewahrscheinlichkeit verglichen mit ihren Vorgesetzten in den höchsten Etagen. Bereits 1979 entwickelten die US-amerikanischen Sozialepidemiologen Robert Karasek und Tores Theorell vom Center of Social Epidemiology ein Modell für die Handhabung von psychologischen Belastungen und Entscheidungsfreiheit im Beruf:[110]

„Den zu untersuchenden Personen werden elf Fragen gestellt, woraufhin sie in eine der folgenden vier Kategorien eingeteilt werden:

1. Hohe Anforderungen und geringe Entscheidungskompetenz („job strain‘)

2. Hohe Anforderungen und hohe Entscheidungskompetenz („active‘)

3. Niedrige Anforderungen und geringe Entscheidungskompetenz („passiv‘)

4. Niedrige Anforderungen und hohe Entscheidungskompetenz („relaxed‘)."[111]

Die „job strain"-Gruppe erwies sich als höchst risikoreich. Menschen, die einer derartigen Berufsbelastung ausgesetzt sind, müssen mit einem erhöhten Risiko rechnen, an einer Herz-Kreislauf-Erkrankung zu sterben. Eine am Department of Community Medicine an der Universität Lund im Jahre 2000 durchgeführte schwedische Studie untersuchte auch die Unterschiede zwischen der Gruppe „active" und der Gruppe „relaxed". Überraschenderweise erkrankten Männern der Gruppe „active" seltener an Gefäßverkalkungen der Halsschlagadern als die der Gruppe „relaxed".[112]

Gehobene Positionen mit Gestaltungsmöglichkeiten und einem überschaubaren Stresspegel wirken sich offenbar doch auch positiv auf die Gesundheit aus – aber nur bei Männern.

Interessanterweise beobachtete man bei Frauen einen gegenteiligen Effekt. Frauen können zwar offenbar mit stressigen Berufen und niedrigen Stellungen von Natur aus besser umgehen, dennoch fallen sie in der Realität zahlenmäßig dem Burnout genauso oft zum Opfer wie Männer. Wolfgang Lalouschek ist um eine Begründung nicht verlegen. Der wesentlichste geschlechtsspezifische Aspekt bei Burnout ist seiner Meinung nach nämlich immer noch der deutliche soziale Unterschied, der nach wie vor Männer von Frauen in der Arbeitswelt scheidet.

In seinem Artikel „Burnout: Wie Frau und Mann ausbrennen" schreibt er:

„So erhalten Frauen nach wie vor für gleichwertige Arbeit deutlich weniger Gehalt als Männer, was im Sinn der Burnout-Gefährdung einerseits eine geringere Anerkennung widerspiegelt, als auch den Stress der Lebenserhaltung vergrößert. Die weiterhin deutlich größere Rolle der Frau bei der ‚Kinderaufzucht' stellt zudem die wesentlichste Beschränkung für die Berufstätigkeit und Karrieremöglichkeiten von Frauen dar. Vorgeschlagene Teilzeitmodelle wiederum sind mit fehlenden Karrierechancen und Einkommenseinbußen verbunden. Diese Verhältnisse finden ihren Niederschlag in weiteren Fakten und Zahlen: So sind in der Schweiz 40 % aller Universitätsabsolventinnen im Alter von 40 Jahren kinderlos – mit welchen Folgen für die eigene Lebensbilanz? In Österreich wiederum erledigen 60 % der Frauen die Hausarbeit alleine. Die Doppelbelastung zwischen Beruf und Familie ist wiederum eine der Hauptquellen von Burnout und mag ein Mitgrund für die in einigen Studien gefundene höhere Burnout-Gefährdung von Frauen sein. Wie bereits erwähnt, stehen die genannten Ebenen naturgemäß in Beziehung zueinander. Umso wichtiger ist es zu hinterfragen, inwieweit die beobachteten psychologischen Unterschiede und geschlechtsspezifischen Rollenbilder durch unterschiedliche soziale Gegebenheiten und Sozialisation (mit-)bedingt werden – und somit unsere Gesellschaft diese ‚Unterschiede‘ demnach auch konstruiert.“[113] Dies sieht auch Sabine Fabach so, Leiterin des Institutes „Frauensache“ in Wien und Autorin des Buches „Burnout – Wenn Frauen über ihre Grenzen gehen“[114]. Aufgrund der zunehmenden beruflichen Möglichkeiten wächst der Druck auf Seiten der Frauen, auch beruflich erfolgreich zu sein. Fehler und Unzulänglichkeiten könnten als Schwäche ausgelegt werden und schüren das Vorurteil, dass Frauen für die „harte“ Berufswelt doch nicht geschaffen sind. Frauen müssen demnach nicht nur ihre Fähigkeiten beweisen, sondern auch ihr Geschlecht.

Die Mehrfachbelastungen wie Kindererziehung, Haushalt oder Pflege von Angehörigen hingegen haben sich für die Frauen nicht nennenswert verringert. Gemeinsam mit der allerorts steigenden Angst vor dem Verlust des Arbeitsplatzes bilden diese Faktoren einen guten Nährboden für die Entstehung eines Burnout-Syndroms.

Der weibliche Perfektionismus ist dabei ein besonders gefährdender Faktor. Frauen haben oft besonders hohe Ansprüche an die eigene Leistung. Sie entwickeln einen gnadenlosen Perfektionismus, welcher sie, gepaart mit Angst zu versagen, rasch an ihre individuellen Grenzen stoßen lässt. Die Angst, Vorgaben oder Anforderungen nicht zu entsprechen, welche nicht selten in der Kindheit ihren Ursprung hat, erweist sich häufig als die größte Hürde auf dem Weg zum Erfolg. Limitierend ist auch die Erziehung zu Großmut und Rücksichtnahme. „Bescheidenheit ist eine Zier, doch weiter kommt man ohne ihr“, wäre ein angemessener Wahlspruch, wenn man auch als Frau Wertschätzung und Anerkennung für geleistete Arbeit erhalten möchte.

Männer werden von Kindheit an auf eine berufliche Karriere vorbereitet, Frauen hingegen, vor allem in früheren Generationen, auf Ehe und Kindererziehung. Entscheidet sich eine

Frau für die Karriere, muss sie nicht nur täglich um deren Legitimation kämpfen und sich in ihrer Position beweisen, sondern sich auch noch für eventuelle Kinderlosigkeit rechtfertigen. Männer, die mit 40 Jahren Karriere machen, haben noch alle Zeit der Welt, eine Familie zu gründen. Bei Frauen im selben Alter tickt erbarmungslos die biologische Uhr. Für Frauen mit Kindern verschärft sich der Legitimationsdruck noch durch Schwangerschaften, Pflegeurlaub und das „Rabenmutter-Syndrom". Ihre Verunsicherung den Kollegen gegenüber lässt sie häufiger Ziel von Mobbing werden.

Während Frauen fern der Öffentlichkeit, im Kreise von Freunden und Familie aufgefangen, eher im Stillen ausbrennen, gestaltet sich das männliche Burnout meist dramatischer. Die Altersgruppe von Männern zwischen dem 30. und 50. Lebensjahr ist zurzeit am häufigsten vom akuten oder chronischen Burnout betroffen. Es sind die ehrgeizigen, gut ausgebildeten und leistungsbereiten Männer, die bei einer 60- bis 70-Stunden-Arbeitswoche den Spagat zwischen sehr gut bezahltem, aber auch entsprechend heiß umfehdetem, wild umstrittenem Arbeitsplatz, Familiengründung und Privatleben leisten müssen. Geregelte Mahlzeiten fallen aus, rasch wird vor dem Fernseher abends eine große Menge gegessen, oft mit viel Alkohol hinuntergespült, um den Tagesstress abzubauen. Der Schlafrhythmus ist gestört, Flugreisen mit Jet-Lags und zahlreichen Übernachtungen in Hotels erweisen sich als der Schlafqualität wenig zuträglich. Wochenenden und Urlaube, wenn es diese denn gibt, sind geprägt von den Anforderungen des Familienlebens und der Paarbeziehung, wo „Quality Time" gefragt ist. Eindösen in der Hängematte gibt es hier nicht: Wenn gesessen werden darf, dann mit dem Laptop im Visier, denn der Chef erwartet zumindest „Online-Präsenz".

Männer mit Burnout-Symptomatik gehen oft erst dann zum Arzt, wenn sie tatsächlich gar nicht mehr können oder ihr persönliches Umfeld sie dazu zwingt. „Kluge Männer hören auf ihre Frauen", sagt Oberarzt Dr. Erwin Walter von der Akuten Privatklinik Bad Aussee für Psychosomatische Medizin in einem Interview für die *Kleine Zeitung* im November 2007. Sehr häufig wird Burnout nämlich von der Umgebung früher wahrgenommen als vom Betroffenen selbst.

Rollenklischees

Schwarzer Porsche, blondes Haar

In den emotional sehr tumultreichen Monaten nach dem Ende meiner Ehe befand sich unter meinen Bekannten ein Primararzt einer Döblinger Privatklinik, der zu unserem ersten Rendezvous in einem schwarzen Porsche erschien. An seinem Handgelenk prangte ein dicker goldener Chronometer. Da wir uns beim Sport kennengelernt hatten, war dieser Anblick für mich etwas überraschend, und ich konnte nicht an mich halten, festzustellen, dass er einem wandelnden Klischee entspreche. Er gab dies auch gleich freimütig zu, meinte aber, während er mich aus ganz schmalen Augen betrachtete, dass ich da bestens dazupassen würde. Was gehört denn auf den Beifahrersitz eines schwarzen Porsche? Derart geschlagen mit meinen eigenen Waffen, musste ich sehr lachen. Seine Anspielung galt offensichtlich meinem langen blonden Haar.

Klischees sind auch für Wissenschaftler etwas Faszinierendes, zwar stellen sie keine biologische Realität dar, ebenso wenig eine gesellschaftliche, sie sind eine Karikatur, aber keine frei erfundene. Das Interessante an ihnen ist, dass sie durchaus reale Wurzeln haben. Obwohl ich selbst (allerdings von Natur aus) blondes Haar habe, liebe ich Blondinenwitze. Einer meiner Lieblinge ist jener von der Blondine, die nach Mallorca fliegt. Sie setzt sich in die erste Klasse, welche sie nicht gebucht hat, und treibt die Stewardessen zum Wahnsinn, indem sie auf jede Aufforderung, sich bitte in die Touristenklasse zurückzusetzen, mit den Worten antwortet: „Ich bin blond, ich bin gut drauf, ich fliege nach Mallorca!" Schließlich bitten die entnervten Stewardessen den Kapitän um Hilfe. Dieser flüstert der

Blondine etwas ins Ohr. Sie springt auf, schnappt ihr Täschchen und rennt wie vom Leibhaftigen gehetzt nach hinten in die Touristenklasse. Die Stewardessen staunen nicht schlecht und wollen natürlich wissen, wie das dem Kapitän wohl gelungen ist. Der zuckt nonchalant mit den Schultern und meint leichthin: „Ich habe ihr gesagt, die vorderen Reihen fliegen nicht nach Mallorca."

Was hat es für eine Bewandtnis mit der Blondine? Tatsache ist, dass Frauen sich höchst absichtsvoll manchmal dümmer stellen, als sie sind. Und damit verfolgen sie einen ganz bestimmten Zweck. Ein Mann soll sich überlegen fühlen – das stimmt ihn milde.

Als Führerscheinneuling wurde ich von einem Polizisten angehalten. Ich war wohl etwas zu rasch unterwegs gewesen, vor allem hatte ich nicht damit gerechnet, dass er vor mir auf den Zebrastreifen springen würde. Ich brachte den Wagen zwar zum Stehen, aber bei der Notbremsung hatte er sich leicht quergestellt. Der Polizist machte gar keine freundliche Miene, und seine Forderung nach „Führerschein, Zulassung!" war laut und grimmig herausgebellt. Da ich noch nicht lange Auto fuhr, kannte ich mich mit den Wagenpapieren noch nicht so gut aus und fragte, während ich das Täschchen hervornestelte: „Welches ist denn die Zulassung?" Sogleich breitete sich ein mildes Lächeln auf dem eben noch ach so strengen Gesicht aus. Und in nahezu gütigem Tonfall erklärte er mir: „Na, schaun S', das Gelbe da." An die männliche Hilfsbereitschaft zu appellieren, kann kein Fehler sein, das wissen Frauen, und jene, die es noch nicht erkannt haben, lernen es bald. Wie geschlechtsspezifisch diese Hilfsbereitschaft ist, wissen die Männer selbst recht gut. Als ich mit einer Reifenpanne vor einem Polizeikommissariat gestrandet war, boten zwei Polizisten an, mir behilflich zu sein, das ginge schneller, meinten sie, als auf den Pannendienst zu warten. Während die beiden sich um meinen Wagen bemühten, kam ein Passant vorbei, der die Szene mit einem Blick erfasste. „Frau müsst ma' sein!" sagte er und ging kopfschüttelnd weiter.

Die Blondine nun bedient sich gleich mehrerer Auslöser, welche die Hilfsbereitschaft des Mannes ansprechen. Männer fühlen sich ganz offenbar gut und in Geberlaune, wenn sie sich geistig und körperlich überlegen fühlen. Über das dümmliche Verhalten der Blondine machen sich zwar auch Männer lustig, aber im Grunde ihres Herzens sind sie ihr wohlgesonnen. Das arme Dummchen kommt alleine offenbar gar nicht klar und braucht bestimmt einen klugen Mann an ihrer Seite, der ihr das Denken abnimmt. Und nicht nur das, sondern auch alle Entscheidungen. Männer und Frauen herrschen beide gerne, aber nur eines der beiden Geschlechter freut sich derartig auch über vermeintliche Überlegenheit. Ist der so erhöhte Mann den Argumenten einer vermeintlich dummen Frau nicht mehr zugänglich, genügen ein paar Kullertränchen aus runden Glupschaugen, und schon schmilzt das große Herz. Wie man im Endeffekt zu seinem Willen kommt, ist schließlich sekundär.

Auch das blonde Haar leistet dazu seinen Beitrag. Blond sind in unseren Breiten hauptsächlich die Kinder, da eine helle Haarfarbe einerseits von fehlendem Farbstoff in den Keratinfäden bedingt wird, andererseits auch von der Dicke derselben abhängt. Das noch feine Haar von Kindern ist daher häufiger blond als bei den Erwachsenen. Damit ist es zu einem Signal geworden: Schone mich, ich bin noch klein. Auch im Tierreich ist die Fellfarbe der Jungen oft aus diesem Grund verschieden von derjenigen der erwachsenen Tiere. Ähnlich wie das Kindchenschema, das die Erwachsenen zur Rücksichtnahme gemahnt – in der Tat ist es ein schönes und befriedendes Gefühl, etwas herzig zu finden –, ist auch das blonde Haar ein Zeichen für Schutzbedürftigkeit.

So entscheiden sich viele Frauen – offenbar ganz unbewusst – dafür, schutzbedürftig zu erscheinen. Die „dumme, hilflose"

Blondine ist demnach zwar ein Klischee, aber eines, das tiefe Einblicke in die männliche Seele gewährt.

Männern ist die Erhöhung ihrer Person unglaublich wichtig. Daher schätzen sie jede Insigne der Macht. Das Automobil als Chrompenis ist eines der augenfälligsten Klischees, was das männliche Selbstdarstellungsbedürfnis betrifft. Wenn man sich in einer Tiefgarage umsieht, könnte man den einzelnen Fahrzeugen direkt ein Geschlecht geben. Kleine Autos in bunten Farben werden selten von Männern bevorzugt. Zumeist wählen diese, wenn sie es sich leisten können, bombastische Geländewagen, Sport Utility Vehicles (SUV), die ihre chromblitzenden Stoßstangen blecken wie grimmige Raubtierzähne. Oder sie wählen Sportwagen, tief gesetzt mit Ultrabreitreifen und extra monströsen Spoilern und Auspuffen.

Rangordnung hat für Männer einen Stellenwert, den Frauen oft nur schwer nachvollziehen können – obwohl doch gerade Frauen das Ziel dieser Bemühungen sind.

„Drum ihr Mädchen, lasst euch raten, ehrt und liebt den Soldaten, weil er sonst von seinen Taten nicht viel zu verzehren hat." So lautete die letzte Strophe eines Soldatenliedes, das mein Vater gerne im Familien- und Freundeskreis zum Besten gab. Und in der Tat scheint vieles, was Männer tun, genau darauf abzuzielen: Sie wollen für ihre Leistungen bewundert werden, am liebsten von weiblichem Publikum.

Angesichts der Situation, in welcher sich die moderne Menschheit befindet, mit allen sozialen Problemen, die eine Wirtschaft hervorruft, die nur vom eigenen Wachstum lebt, obwohl jeder weiß, dass Systeme, die vom Wachstum leben, genau daran zugrunde gehen müssen –, stellt man die Sinnhaftigkeit von Veranstaltungen wie der Formel 1 in Frage. So viel Geld, Unternehmertum, Intelligenz, Mut und Geschicklichkeit investiert darin, dass einige Männer sehr schnell im Kreis fahren? Ob all dieses Vermögen, körperlich, geistig und finanziell, nicht besser in Projekte investiert wäre, die dem Überleben der

Menschheit dienen? Vor dem Hintergrund männlicher Ausstattung betrachtet, hat der Zirkus – der ja auch allen Ernstes so heißt – etwas zutiefst Rührendes an sich. Nirgends wird männliche Selbstdarstellung derart genuin zu beobachten sein. Und an den Boxen warten, als Hommage an so viel geballte Männlichkeit, die „Luder", in Gestalt formvollendeter junger Frauen.

Es ist ein Klischee, aber auch ein Spiel, ein weibliches Respektieren und Würdigen des Aufwandes, das – biologisch gesehen – im Endeffekt nur einem Zwecke dient: Frauen auf sich aufmerksam zu machen und sie in den Bann zu ziehen. Und Männer wollen Trophäen. In einer Studie über die Zufriedenheit von Männern in der Partnerschaft konnte festgestellt werden, dass Männer dann besonders glücklich sind über ihre Wahl, wenn „sie" einer Trophäe gleicht: „Trophy Mate"[115] ist eine Partnerin, die der Mann errungen hat und von der er meint, sie eigentlich nicht wirklich zu verdienen.[116] Die Frau wird damit selbst zum Statussymbol.[117]

Kein Auftrag für glückliche Männer?

So viel Aufhebens um die Selbstdarstellung geht offenbar auf Kosten der Gefühle. Ein „echter Mann" hat keine Emotionen zu zeigen, am besten er hat gar keine. Was ist der unsensibelste Teil am Penis? – Der Mann.

Ein Klischee, das die Filmindustrie, ein weiterer unerschöpflicher Spiegel unserer Seelen, stark beflügelt. Harrison Ford liegen in unzähligen Filmrollen die Frauen willenlos zu Füßen. Als kaltschnäuziger Han Solo („Star Wars Episode IV") antwortet er auf Leias gehauchtes „Ich liebe dich" mit „Ich weiß". Ford mimt nicht nur in dieser Rolle das Paradebeispiel eines unsensiblen Klotzes, der gleichwohl Sexsymbol für alle Frauen ist. Doch sind das lediglich Hollywood und Harrison

Fords Charme, der sich wirksam eines billigen Klischees bedient – oder steckt vielleicht auch hier mehr dahinter?

Die kanadischen Entwicklungspsychologen Jessica Tracy und Alec Beall von der University of British Columbia zeigten mehr als 1000 Probanden beiderlei Geschlechts Fotos von männlichen und weiblichen Gesichtern, die unterschiedliche Emotionen ausdrückten, rangierend von glücklich über schüchtern/beschämt, neutral/kontrolliert bis stolz. Die Studienteilnehmer waren aufgerufen, das jeweils attraktivste Gesicht auszuwählen.

Das Ergebnis war so geschlechtstypisch wie klischeehaft: Während Männer die glücklichen Frauen bevorzugten, begeisterten sich Frauen eher für die stolzen Männer. Interessant war, dass die Vorlieben männlicher und weiblicher Versuchspersonen offenbar völlig komplementär waren. Der glückliche Gesichtsausdruck, der Männern an Frauen besonders gut gefiel, wurde von Frauen an Männern besonders geringgeschätzt. Und Stolz, der begehrenswerteste männliche Gesichtsausdruck in den Augen der Probandinnen, war auf Frauengesichtern den Probanden gänzlich unsympathisch. Gesichter, die Schamgefühl vermittelten, kamen bei beiden Geschlechtern gleichmäßig einmal gut oder schlecht an, jedoch bevorzugten vor allem jüngere Frauen diesen Ausdruck bei weitem vor glücklichen Männergesichtern. Die Autoren nannten ihre Studie daher „Happy guys finish last" – frei übersetzt: Kein Auftrag für glückliche Männer.[118]

Ob Frauen damit Männern den Vorzug geben, die es geschafft haben? Männern, die im Rang hoch stehen oder große Leistungen erbracht haben, die ehrgeizig sind und mit Recht auf Erworbenes stolz sein können? Verschmähen sie dann jene Männer, die fröhlich in den Tag leben, weil sie ohnehin mit sich und dem Dasein zufrieden sind? Oder ist es gar der Gesichtsausdruck, den Frauen zu sehen wünschen, wenn sie von ihrem männlichen Schwarm zur „Trophy Mate" gemacht wurden? Wohl eher ersteres, wenn beschämte Männer, also solche, die offenbar in der Defensive sind, die eine Niederlage oder Ablehnung erfahren haben, immer noch beliebter sind als die „Happy Guys". Besser mit fliegenden Fahnen untergehen, als gar keinen Ehrgeiz oder Ziel zu haben.

Der „Mr. Nice Guy"-Test

In einer wahren Flut von Publikationen haben Wissenschaftler nachgewiesen, dass „Bad Guys" mehr Erfolg bei Frauen haben als „Nice Guys". Dennoch lehnen Frauen Machos definitiv ab, das ergab eine Studie der beiden Psychologen Geoffrey Urbaniak und Peter Kilmann von der University of South Carolina in Columbia. Das Psychologenduo bot Frauen die Wahl zwischen einem netten, einem neutralen, einem arroganten und einem relaxten Mann. Die Untersuchung bestand aus zwei verschiedenen Testsituationen. In der ersten wurden 48 Studentinnen zwischen 18 und 23 Jahren gebeten, Unterlagen zu lesen, in welchen zwei Bewerber in einer fiktiven „Dating Show" definieren sollten, was in ihren Augen einen „richtigen Mann" ausmache, und hernach die Frage beantworten, ob sie selbst ein solcher „richtiger Mann" seien. Dabei gab es den Bewerber „Todd", der auf drei verschiedene Arten antwortete:

(1) Ein richtiger Mann ist mit seinen Gefühlen und denen der Partnerin im Einklang, ein richtiger Mann ist freundlich und einfühlsam – dies ist der „nette Todd".

(2) Ein richtiger Mann weiß, was er will und wie er es bekommt, so sagt der „durchschnittliche Todd".

(3) Ein richtiger Mann weiß, wer er ist, aber er hält andere auf Distanz, er interessiert sich nicht für Gefühlsduselei. Dies ist die Meinung von „Idioten-Todd".

Der zweite Bewerber war „Michael", er bekam dieselben Fragen gestellt, antwortete aber immer in ein und derselben neutralen Art und Weise. Er sagte, ein richtiger Mann sei entspannt, zuversichtlich, solide und habe immer eine positive Einstellung.

Die Probandinnen bekamen Michael mit jeweils einem der „Todd-Varianten" präsentiert und wurden nun vor die Wahl gestellt, welchen der beiden Bewerber sie persönlich bevorzugen würden. Der nette Todd wurde eindeutig am häufigsten gewählt, die Probandinnen attestierten ihm auch größere Intelligenz und Reflektierheit als den anderen beiden „Todds".

Im zweiten Experiment wurden zusätzlich zu den schriftlichen Informationen Fotos gereicht. Die drei Todd-Typen wurden hinsichtlich ihrer physischen Attraktivität verändert, Michael wurde immer gleich dargestellt. Auch wurde eine größere Anzahl von Studentinnen befragt, nämlich 194. Todds Attraktivität hatte einen zusätzlichen Effekt, das heißt, wenn der nette Todd auch noch gut aussah, bekam er einen extra Bonus, indem sich die Probandinnen noch häufiger für ihn entschieden. Dennoch blieb die Vorliebe der jungen Frauen in erster Linie fokussiert auf das, was Todd zu sagen hatte. Studentinnen, denen Michael und „Idioten-Todd" angeboten wurden, wählten Michael, auch wenn Todd deutlich physisch attraktiver war. Die Frauen gaben an, dass die Eigenschaften des netten Todd besonders wichtig seien für dauerhafte Beziehungen.[119]

Frauen sind ganz offensichtlich ambivalent hinsichtlich der idealen Charaktereigenschaften ihres Traummannes. So soll vor allem der Langzeitpartner freundlich und sanftmütig, gefühlsbetont und einfühlsam, aber gleichzeitig draufgängerisch, energisch und voller Durchsetzungsvermögen sein.

Das erinnert fatal an eine männliche Utopie. „‚Heilige' und ‚Hure', die beiden Frauentypen, die wir Männer suchen, können (und sollen!) mit ein und derselben Frau erlebt werden", sagt Dr. Arthur Domig, Leiter der Beraterstelle für Persönlichkeitsentwicklung, Partnerschaft und Familienbeziehung in Salzburg. „Wer jemals versucht hat, die beiden Typen mit verschiedenen Personen zu leben, weiß, dass der Preis immer zu hoch ist. Es führt letztlich in die Einsamkeit, wo man beide verliert."[120] Frauen wie Männer versuchen daher häufig auf rührende Weise jeweils den ambivalenten Vorstellungen des anderen Geschlechts gerecht zu werden: Hure-Heilige sucht Terminator-Softy. Offenbar sind wir uns alle im Klaren darüber, dass die allerschönsten Klischees in der Realität nicht wirklich standhalten können. Ein bisschen Träumen ist jedoch erlaubt.

Altern

Glücklich im Alter

In dem riesenhaften, weichen Ohrensessel war sie fast nicht mehr sichtbar, so zerbrechlich zart war sie geworden, knotige Hände ruhten in ihrem Schoß, über den sie ihre Lieblingsdecke gebreitet hatte – lila Karo. Sie sah auf, über den Rand ihrer starken Lesebrille, und strahlte: „Hallo Schatzi!" Meine Großmutter war weit jenseits der 80 und hatte ein Leben mit größten Höhen und unermesslichen Tiefen hinter sich.

Geboren in eine sehr vermögende Familie, umgeben von Besitz und Bediensteten, hatte man sie Gesang lernen lassen, während ihr Zwillingsbruder, der Strahlemann, auf das renommierte Internat Kalksburg geschickt wurde. Großmutter erlebte zwei Weltkriege. Den Ersten als junges Mädchen, wo sie sehr darunter litt, dass die beiden Schwarzwälder Füchse, welche die Familienkutsche zogen – „das schönste Gespann in Wien" –, abgeholt wurden, weil man sie brauchte, um im Krieg Kanonen zu transportieren. Den Zweiten Weltkrieg erlebte sie als reife Frau, selbst Mutter von Zwillingen. Sie bat ihren Mann auf Knien, nicht wieder an die Front zu gehen, man wusste bereits um das bevorstehende Ende. „Ich bin Offizier", sagte er, „ich lasse meine Männer nicht im Stich." Sie hat ihn nie wiedergesehen, er wurde als „verschollen" erklärt. Sie aber wollte nie einen anderen. Ich sehe die Kerze noch in ihrem Fenster stehen, in den Rauhnächten. „Damit seine Seele nach Hause findet."

Großmutter, „Mucke", brachte ihre Kinder alleine durch den Krieg – mit Flickarbeiten, sie hatte rasch das Nähen erlernt. Die große Straßenbaufirma der Familie gab es nicht mehr, die

Besitzungen waren fort. Sie lebte im ehemaligen Gärtner- und Chauffeurhaus. Dieses Haus übergab sie später meinen Eltern und zog sich in das winzige Zimmer zurück, in dem ich sie oft besuchte. Sie erzählte gerne aus den goldenen Tagen ihrer Familie, von ihrer Amme „Tante Vicky", die bis zu ihrem Tode mit ihr im Haus gewohnt hatte, von dem erhebenden Erlebnis, als ihr der Kaiser zuwinkte, von dem Automobil ihres Vaters, welches eines der ersten Autos in Wien gewesen war, und von vielen Kriegserlebnissen.

Als der russische Soldat ihr aus der Bäckerei nachgerufen hatte: „Mamuschka!", war sie um ihr Leben gelaufen, das Brot unter den Arm geklemmt. Schwere Stiefel auf dem Kopfsteinpflaster. Er hatte sie dennoch eingeholt. Außer Atem stellte sie sich. Da drückte er ihr etwas in die Hand: ein Päckchen Butter.

In einer Vitrine ihres Zimmerchens standen Erinnerungsstücke aus vergangenen Tagen. Während ich einen Fächer betrachtete, auf dem in goldenen Lettern „Währinger Bürgerball 1918" zu lesen war, fragte ich sie nach der glücklichsten Zeit in ihrem Leben. „Jetzt", sagte sie ohne Zögern.

Alte Menschen sind weit entfernt von negativistischem Denken, wie es ihnen häufig unterstellt wird – „Ach, die guten alten Zeiten!"[121] Ja, es sieht so aus, als kämen sie mit den Jahren emotional erst richtig zur Ruhe. Eine Reihe von Studien hat nachgewiesen, dass das Gehirn älterer Menschen größere Kontrolle über die Bewertung von Emotionen erlangt hat. Alte Menschen sind mit der Reife der Jahre zu einem tieferen Verständnis ihrer Gefühle gekommen und sie sind besser in der Lage, diese zu beschreiben und einzuordnen. Die Tatsache, dass ältere Menschen oft so „abgeklärt" erscheinen, beruht darauf, dass vieles sie einfach nicht mehr so aufregt. Sie haben so manches gesehen und erlebt, Schreckliches ist doch noch gut ausgegangen, Schönes und Rührendes haben die Erinnerung gefärbt, aber die zugehörigen Emotionen sind verklungen zu einem sanften Nachhall.

In einer groß angelegten Studie über Alter und die Wahrnehmung von Emotionen an der Oregon Health and Science University, Abteilung für Verhaltens-Neurowissenschaften, haben die Studienautorin Michelle Neiss und ihre Mitarbeiter den Hautwiderstand von Probanden unterschiedlicher Altersgruppen gemessen, während diese Szenen bewerteten, die auf Fotos dargestellt waren und die beim Betrachter Emotionen unterschiedlicher Qualität hervorrufen sollten. Es zeigte sich, dass ältere Menschen allgemein, aber vor allem ältere Frauen, zwar besonders extrem in ihrer Bewertung, das heißt sehr treffsicher waren, ob ein Foto angenehme oder unangenehme Gefühle hervorrief. Jedoch war bei ihnen ein viel geringerer Hautwiderstand messbar als bei den jüngeren Probanden. Offenbar schaffen es ältere Frauen besonders gut, emotional bewegende Szenen zwar richtig zu bewerten und einzuordnen, selbst dabei aber einen ruhigen Kopf – und in diesem Fall eine ruhige Hand – zu bewahren. Ihr emotionaler Zustand scheint von ihrem physiologischen Zustand abgekoppelt zu sein, heißt es erläuternd in der Studie.[122] Anscheinend ist dieser Vorsprung in der Bewältigung von Lebenserfahrung auch bitter notwendig, haben doch wissenschaftliche Studien nachgewiesen, dass Frauen im Alter unglücklicher werden als Männer.

Anke Plagnol, Wirtschaftswissenschaftlerin an der Universität Cambridge, Abteilung für Soziologie, analysierte gemeinsam mit dem Ökonomen Richard Easterlin von der University of Southern California Daten von 47.000 Männern und Frauen und stellte einen bemerkenswerte Trend fest: Frauen beginnen ihr Erwachsenenleben zwar meist glücklicher als Männer, jedoch nimmt ihre Lebenszufriedenheit mit dem Alter immer weiter ab. Bei Männern hingegen zeichnet sich ein gegenteiliger Trend ab. Die 40er scheinen die Wende herbeizuführen. Mit 39 sind Männer zufriedener in der Partnerschaft, mit 41 zufriedener mit ihrer wirtschaftlichen Situation und im Alter von ca. 44 mit ihrem gesamten Hab und Gut. Mit 48 Jahren haben Männer Frauen überholt, was ihre Zufriedenheit mit ihrer Situation anbelangt. Ab diesem Lebensalter sind Frauen unglücklicher als Männer. Glück definiert sich dabei, so fanden die beiden Wirtschaftswissenschaftler heraus, maßgeblich über Finanzen und Familie. Männer nähern sich in der zweiten Lebenshälfte ihrem Ideal und Ziel immer weiter an. Und was passiert mit alternden Frauen?[123]

Für Frauen läuft es oft verkehrt herum, sie verlieren rascher ihre Jobs, stoßen an gläserne Decken, leben häufiger nach einer Scheidung alleine. Nachweislich heiraten mehr geschiedene Männer wieder als Frauen. Oft sind Kinder zu versorgen, was zumeist der Frau überlassen bleibt; auch die Pflege alternder und kränkelnder Angehöriger liegt häufig ganz alleine in ihrer Hand. Alleinerzieherinnen und private Kranken- und Altenpflegerinnen haben etwas gemeinsam: Viel unbezahlte Zeit muss investiert werden für eine Tätigkeit, die von der Gesellschaft wenig oder gar keine Anerkennung erfährt, und sie geraten leichter an die Armutsgrenze und die Grenzen ihrer Leistungsfähigkeit. Burnout ist häufig die Folge, wenn man versucht, Kinderbetreuung, Altenpflege und einen Job, der einen am Leben halten soll, alleine zu meistern. Alleinerziehende Väter und Männer, die alte Angehörige pflegen, haben noch eher Seltenheitswert.

Allein die Angst, das Leben vielleicht nicht zu bewältigen, drückt schon die Zufriedenheit. Zudem wird der Verlust eines geliebten Menschen stärker erlebt, wenn man sich vorher intensiv seiner Pflege gewidmet hat. Häufiger als der Vater stellt die Mutter von kleinen Kindern alle eigenen Interessen hintan, verzichtet auf Karriere und soziale Absicherung. Je besser man seinen Job als Mutter macht, umso weniger wird man später von seinen Kindern gebraucht.[124] Wie aber das Vakuum füllen, das sie hinterlassen, wenn sie erwachsen werden?

Darüber hinaus zwingt das Dogma der ewigen Jungend, Faltenlosigkeit und gertenhafter Schlankheit Frauen ab Mitte ihrer 40er häufiger in die Knie als gleichaltrige Männer, die ihre Wohlstandsränzlein ganz unbedarft vor sich hertragen.

Eine Patientin unseres Instituts, international anerkannte Finanzexpertin, hoch gebildet mit zwei abgeschlossenen Studien in Wien und Moskau, ist wegen eines Burnout-Syndroms zu uns gekommen. Sie berichtet von massiven Essstörungen, Verdauungsproblemen und einer chronischen Darmerkrankung, die bereits mehrfach operativ behandelt werden musste. Obgleich sie in ihrer Firma eine Spitzenposition bekleidete und beruflicher Erfolg ihr ständiger Begleiter war, fand sie sich dem psychischen Druck nicht gewachsen, im Vergleich zu anderen Frauen nicht schlank genug zu sein. Die anderen Mitarbeiterinnen in dem Wirtschaftsprüfungsunternehmen, so berichtet die Patientin, hatten Kleidergröße 34 und darunter. Der Druck war so groß, dass sie trotz ihrer hohen Ausbildung und zweifellos kongenialer Arbeitsleistung schließlich körperlich und in Folge psychisch so schwer erkrankte, dass sie sich zuletzt aus gesundheitlichen Gründen gänzlich vom Berufsleben verabschieden musste.

Männer hingegen kennen solche Probleme kaum. Frauen werden alt, Männer interessant, weiß der Volksmund. „Man kauft auch nur das frische Obst", belehrte mich vor kurzem ein 60-jähriger Taxichauffeur, der mir zuvor lebhaft und ausführlich von seiner neuen und um viele Jahre jüngeren Liebe berichtet hatte. Ein Blick in den Rückspiegel entlockte ihm zwar eine Entschuldigung, dennoch blieb der „Wahrheitsgehalt" seiner Bemerkung unangetastet im Raum stehen.

Die Soziobiologie malt ein gar trauriges Bild von postmenopausalen Frauen, die alt und mieselsüchtig würden, weil sie nicht mehr fortpflanzungsfähig sind, ganz im Gegensatz zu Männern, die frisch und munter noch mit 70 Jahren Kinder zeugen und berufliche Quantensprünge vollführen. Das sei biologisch gerecht, weil junge Frauen so viel begehrenswerter seien als junge Männer, die sich erst mühsam die Sporen verdienen müssten, um von Frauen überhaupt als potentielle Partner wahrgenommen zu werden. Männer bräuchten zwar länger, um für Frauen begehrenswert zu sein, wenn sie aber erst ihren hohen Rang erstritten hätten, verändere sich ihr Wert am Partnermarkt zu ihren Gunsten. Bei Frauen laufe das eben verkehrt herum. Als reife Frau müsse man demnach automatisch ab Erreichen der Lebensmitte der Trübsal anheimfallen, weil man, derartig beraubt jeglicher biologischer Sinnhaftigkeit, sein Dasein bis zum bitteren Ende fristen müsse … Wäre da nicht die Großmutterhypothese des Kasseler Evolutionspsychologen Harald Euler. Wir sind ihr in Kapitel 4 bereits begegnet. Demnach erhalten Frauen ihre physischen und geistigen Kräfte weit jenseits der Menopause, ja vielfach wachsen Frauen dieses Alters über bisheriges Leistungsvermögen sogar hinaus, damit sie ihr Potential in den Dienst ihrer Kinder und Kindeskinder stellen können. Vor allem die mütterliche Großmutter ist in den meisten Familien unverzichtbare Quelle der Unterstützung und Hilfe.[125]

Ob man nun diesem biologistischen Ansatz folgen möchte oder nicht, Faktum ist, dass Frauen rund zehn Jahre länger leben als Männer. Die Frage ist nur, ob sie diese Tatsache einer besseren Ausstattung verdanken oder einem ruhigeren Lebenswandel. Nachweislich wirkt sich die Ehe auf die Lebenserwartung des Mannes positiv aus. Ehemänner leben, statistisch gesehen, deutlich länger als Singlemänner. Die größte Lebenserwartung haben jedoch die Priester.[126] Dennoch scheinen auch ganz konkrete, biologische Vorteile das Leben der Frau zusätzlich zu verlängern, offensichtlich sind sie von Natur aus auf den Alterungsprozess besser vorbereitet.

Der Psychiater Edward Coffey vom Henry Ford Kingswood Hospital und seine Mitarbeiter fanden altersspezifische Schrumpfungsprozesse im Gehirn bei beiden Geschlechtern in nahezu allen untersuchten Regionen. Diese Veränderungen fanden sich jedoch generell stärker in männlichen Gehirnen als in weiblichen.[127] Schrumpfen männliche Gehirne stärker im Alter? Auch Patricia Cowell, Professorin an der Abteilung Kommunikationswissenschaften der Sheffield Universität in Pennsylvania, konnte dieses Phänomen in ihrer Studie nachweisen.[128] Männer verlieren ihr Gehirnvolumen dreimal so rasch wie Frauen, was nachweislich Auswirkungen auf das Erinnerungsvermögen, die Konzentrationsfähigkeit und die logische Denkleistung hat. Am offensichtlichsten ist aber die Verarbeitung von Emotionen beeinträchtigt. Das Phänomen der altersbedingten Schrumpfung betrifft in erster Linie den linken Stirnlappen, der mit der Kontrolle von Emotionen assoziiert wird. Vor allem ist dieses Hirnareal dafür verantwortlich, dass wir uns sozial verträglich benehmen und nicht hemmungslos von uns geben, was uns gerade durch den Kopf geht. Der uns schon bekannte Gehirnforscher und Neuropsychiater Ruben Gur von der Universität Pennsylvania hat mit seinen Mitarbeitern, darunter auch seine Frau Raquel, ebenfalls gehirnanatomische Unterschiede der Gehirnschrumpfung bei Männern und Frauen untersucht. Auch diese Forschergruppe konnte einen deutlich größeren Abbau von Gehirnsubstanz bei männlichen Gehirnen im Alter feststellen als bei weiblichen. Dabei waren nicht nur graue Zellen, sondern auch die weißen Verbindungsbahnen betroffen.[129] Das Corpus callosum, die dicke weiße Verbindungsbahn zwischen den Gehirnhälften, wird überhaupt nur bei Männern dünner.[130] Wie aber ist das zu erklären?

Zum Phänomen der Schrumpfung allgemein kommt es, weil im Alter die Durchblutung im Gehirn nachlässt – zunächst in gleichem Maße bei Frauen und Männern. Frauen senken aber offenbar gleichzeitig den Stoffwechsel. Der Mann, der schon von Natur aus eine geringere Durchblutung des Gehirns hat als die Frau, reduziert diese im Alter zwar ebenso wie die Frau, jedoch ohne dabei den Stoffwechsel zu drosseln.

Stoffwechselabfälle sind giftig für das Gehirn, eine gute Durchblutung ist wichtig, um den Abtransport der Schadstoffe zu gewährleisten. Der Blutstrom spült die Abfälle weg, reinigt das Gewebe und schützt auf diese Weise die Zellen vor vorzeitiger Alterung und Zerstörung. Der Umstand, dass Männer in ihrem Gehirn einen hohen Stoffwechsel aufrechterhalten, obwohl das Gewebe dünner wird und die Durchblutung abnimmt, setzt einen lawinenartigen Prozess in Gang: Sie verlieren Gehirngewebe in besorgniserregender Geschwindigkeit. Wie Frauen sich vor diesem Prozess schützen, ist noch unklar, Forscher haben das weibliche Geschlechtshormon im Verdacht, welches das Gehirn vor vorzeitigem Verschleiß zu bewahren scheint.[131]

Ein weiteres Phänomen schützt des weibliche Gehirn im Alter vor Verschleiß. Frauen benützen unterschiedliche Gehirnregionen, je nachdem, ob sie nachdenken oder sich entspannen. Männer neigen dazu, immer dieselben Gehirnareale zu benützen – bei der Arbeit und in der Freizeit. Als Folge schreitet die Altersdegeneration in weiblichen Gehirnen kontinuierlicher und gemächlicher fort, weil diese holistischer verwendet werden, während Männer vor allem die linke Hirnhälfte be- und damit abnützen – und dies in ziemlich rasantem Tempo.[132]

Wohl kann man beobachten, dass ältere Herren auch rührselig werden und gerne eine Träne verdrücken, was in früheren Jahren, wie viele von ihnen glaubhaft versichern, nie vorgekommen sei. Die wesentlichste Auswirkung der stärkeren Schrumpfung männlicher Gehirne macht sich jedoch vor allem bemerkbar als ein Verlust von Kontrolle über negative Emotionen. Die „grumpy old men", meisterhaft verkörpert von Jack Lemmon und Walter Matthau, sind typische Exponenten dieser Entwicklung älterer Herren.

Eckart Hammer, Professor für Soziale Gerontologie an der Evangelischen Hochschule in Ludwigsburg, rät in seinem Buch „Männer altern anders" seinen Geschlechtsgenossen daher, den Lebensabend nicht nur über die eigenen Interessen zu definieren, sondern sich mit anderen Menschen für andere zu engagieren. Dies gilt auch generationenübergreifend. Wenn man keine Enkelkinder hat, dann suche man sich welche, so Hammer, indem man einfach an der Türe der alleinerziehenden Mutter nebenan klingelt und ihr sagt: „Ab jetzt komme ich am Donnerstagabend und Sie gehen ins Kino."[133]

Derzeit wächst die Anzahl älterer Männer, die sich um gebrechliche Angehörige kümmern – und weil dies so selten ist, bekommen sie für ihr Engagement mehr Anerkennung als Frauen. Hält der Trend an, wird wohl demnächst auch eine „Großvaterhypothese" zu formulieren sein.

Intersex

Renate

In einem kleinen dunklen Raum sitzt eine blonde Frau über einen Schreibtisch gebeugt. Sie ist in einen Test vertieft, bei dem sie versuchen soll, kleine Metallstifte so schnell wie möglich in ein Brett mit Löchern einzusetzen. Renate ist 48 Jahre alt, auffallend attraktiv, und doch ist etwas an ihrer Erscheinung, das nicht zu harmonieren scheint. Ihre Hände sind wohl sehr gepflegt, die Nägel tadellos maniküert und zartrosa lackiert, trotzdem wirken sie ein wenig unbeholfen. Die Finger sind für eine Damenhand ungewöhnlich kräftig und tun sich sichtlich schwer, die kleinen Metallstifte zu fassen und in die Löcher zu stecken. Renates Blick ist bemerkenswert intensiv. Er verrät, dass die blitzblauen Augen viel mehr gesehen haben als andere Menschen ihres Alters.[134]

Vor drei Jahren war Renate ein Mann – und ein sehr unglücklicher noch dazu. Bereits als Kleinkind wusste sie, dass sie im falschen Körper steckte. Es folgte ein langer Leidensweg, der von Zorn und Enttäuschung darüber geprägt war, dass sie nicht sein durfte, was sie in Wirklichkeit war: eine Frau. Nach zwei gescheiterten Ehen und mehreren Haftstrafen wegen Körperverletzung und Drogenkonsum beschloss Renate, die Wurzeln ihrer Frustration zu beseitigen und ihren männlichen Körper ihrer weiblichen Identität anzupassen.

Renate ist inzwischen bei einem Test angelangt, der ihr mehr zu liegen scheint als jener mit den kleinen Stiften. Sie soll nun so viele Variationen eines Satzes schreiben, wie ihr in einer Minute einfallen. Ihr gegenüber, die Stoppuhr in der Hand, sitzt Stephanie van Goozen, eine Entwicklungspsychologin der Universität Utrecht. Sie erforscht die Veränderung der Persönlichkeit, Denkleistung, motorischer und sprachlicher Geschicklichkeit Transsexueller unter Einfluss von regelmäßigen Hormongaben. Die körperlichen Veränderungen alleine sind schon enorm. Unter dem Einfluss von Östrogen wachsen Brüste, der Bartwuchs lässt nach, die Hände werden geschickter bei pitzeligen Arbeiten, lediglich die Stimme bleibt tief. Dies kann mit Training noch verändert werden, wenn die Probandin es wünscht. Dramatischer aber als die äußeren Veränderungen sind die Umwälzungen, die sich im Gehirn eines Menschen abspielen, der mit Hormonen des anderen Geschlechts überschwemmt wird. Wichtigste Unterstützung für einen Mann, der zur Frau werden möchte, ist nicht so sehr die Operation „Transfemale" selbst, bei welcher der Chirurg aus der Peniseichel eine Klitoris formt und aus dem Peniskörper zwischen den Hoden eine künstliche Scheide anlegt, sondern die tägliche Einnahme weiblicher Hormone.

Transsexuelle sind Menschen, die dauerhaft in der sozialen Rolle des anderen Geschlechts leben möchten (oder tatsächlich leben) und sich einer Geschlechtsumwandlung unterziehen. Dieser Wunsch nach einer Geschlechtsumwandlung resultiert aus einer erlebten Diskrepanz zwischen dem biologisch vorgegebenen Geschlecht einerseits und dem Empfinden der eigenen Person als männlich oder weiblich andererseits. Bevor sie sich einer Operation unterziehen, werden Menschen, die ihr Geschlecht umwandeln lassen wollen, monatelang mit den Hormonen des gewünschten Geschlechts behandelt. Stephanie von Goozen entdeckte dabei, dass künstliche Dosen von Testosteron die „Transmale"-Probandinnen aggressiver und sexuell interessierter machten, wobei ihre sprachlichen Fähigkeiten deutlich nachließen. Dafür verbesserte sich ihre Leistung bei räumlichen Tests.[135] Ein gegenteiliger Effekt konnte bei „Transfemales" beobachtet werden, die mit Testosteronhemmern und künstlichem Östrogen behandelt wurden.

Diese zeigten sich zunehmend weniger aggressiv, neigten dazu, ihren Ärger indirekter auszudrücken, das sexuelle Interesse ließ nach, dafür schnitten sie bei sprachlichen Tests besser ab und – als würde dies einander ausschließen – die Ergebnisse der räumlichen Tests fielen prompt schlechter aus. Tatsächlich präsentierten sich der holländischen Wissenschaftlerin deutliche Übergänge von einem Muster in das andere.

Schon natürliche Schwankungen des weiblichen Hormonzyklus sind in der Lage, unterschiedliche Testergebnisse, z. B. bei räumlichen Tests, zu produzieren. Diese Entdeckungen verdankt die Wissenschaft der kanadischen Psychobiologin Doreen Kimura von der Simon Fraser Universität, deren Studien[136] die Transsex-Forscherin Stephanie van Goozen zu ihren eigenen Experimenten inspiriert hatten.

Im Jahr 1973 prägten der plastische Chirurg Donald Laub und der Psychiater Norman Fisk den Begriff „Geschlechtsdysphorie-Syndrom". Gemeinsam gründeten sie die Stanford University Gender Dysphoria Clinic, in der Menschen zu ihrem Wunschgeschlecht verholfen wird.

Die beiden gegenteiligen Pole Mann und Frau scheinen unter diesen Aspekten der leichten Umwandelbarkeit weniger etwas biologisch Fixiertes zu sein, als vielmehr ein starkes Bedürfnis auszulösen, einer dieser beiden Kategorien von Menschen anzugehören, die in der Realität allerdings keineswegs selbstverständlich vorgegeben sind als schwarzweißes Entweder–Oder. Die Impulse freilich kommen aus der Tiefe des Körperinneren. Die Entwicklung zu Mann oder Frau ist so vielschichtig, dass das fertige und eindeutige Endprodukt eher einem Wunder gleicht; an die vielen möglichen Irrtümer, die unterwegs passieren können, denkt man oft nicht.

Penis mit 12

Fernab von paradiesischen Südseestränden, die mit ihrem weißen Sand und den Palmen erholungsbedürftige Urlauber aus
aller Herren Länder anlocken, müht sich eine Gruppe von Wissenschaftlern über unwirtliches Gelände tief ins Landesinnere
der Dominikanischen Republik. Unter der Leitung der Me-
dizinerin und Hormonexpertin Julianne Imperato-McGinley
vom Weill Cornell Medical College der Cornell University in
New York ist das Forscherteam einer mysteriösen genetischen
Fehlentwicklung auf der Spur. Im kleinen Dorf Salinas, 240
Kilometer südwestlich der Hauptstadt Santo Domingo, ist ein
merkwürdiges Phänomen zu beobachten, von dem 13 Famili-
en betroffen sind:[137] Seit sieben Generationen kamen in diesen
Familien überdurchschnittlich häufig Jungen zur Welt, deren
äußeres Genitale sie bei der Geburt als Mädchen erscheinen
ließ. Erst mit Einsetzen der Pubertät lüftete der vermeintlich
weibliche Körper sein Geheimnis: Die betroffenen „Mädchen" bekamen tiefe Stimmen, und statt einem Busen wuchs
die Klitoris und entwickelte sich zu einem erektionsfähigen
Penis.

Zu wenig DHT (Dihydrotestosteron) in der frühkindlichen
Entwicklung ist verantwortlich für die verzögerte Ausbildung
der äußerlichen männlichen Geschlechtsorgane. Auch die Hoden bleiben so lange in der Bauchhöhle verborgen und steigen erst in der Pubertät in die großen Schamlippen ab, die
sich damit als Hodensäcke zu erkennen geben. Dann nämlich
funktioniert die DHT-Produktion in Zusammenwirkung mit
anderen männlichen Hormonen (Androgenen).

Das Forscherteam um Imperato-McGinley interessierte
sich über die biologischen Besonderheiten der pubertären
Geschlechtsumwandlung hinaus vor allem auch für die psychologische Begleitmusik, stand unter Forscherkollegen doch
schon lange die Frage im Raum, wann sich Geschlechterrollen

im Gehirn eines Menschen fixieren. Tun sie es in der Kindheit, wenn den Mädchen Puppen zum Spielen gegeben und Röckchen aus rosa Tüll angezogen werden, Jungen hingegen Bauklötze vorgesetzt bekommen und in Hosen zum wilden Toben animiert werden? Oder hat dies alles keinen Einfluss, und die Geschlechtsidentität bahnt sich erst in der Pubertät ihren Weg, wenn die Hormone endgültig einschießen und die Heranwachsenden von diesen unerbittlich „gehirngewaschen" werden?[138]

Die Mädchen, welche mit zwölf Jahren einen Penis bekamen, schienen mit wenigen Ausnahmen den Wechsel gut hinzunehmen. Die meisten von ihnen heirateten später und wurden zu Vätern. Daraus schloss das Forscherteam, dass ein Kind beliebig als Mädchen oder Junge erzogen werden darf, erst die Pubertät legt die tatsächliche Geschlechtsidentität fest.

Ein anderes Team von Wissenschaftlern um den heute sehr umstrittenen neuseeländischen Sexualpsychologen John Money von der Johns Hopkins University Medical School in Maryland hingegen fand das krasse Gegenteil. Sie untersuchten Kinder, die am Adrenogenitalen Syndrom (AGS) erkrankt waren. Eine Kortisonvorstufe kann dabei aufgrund einer Stoffwechselerkrankung nicht umgewandelt werden und wird stattdessen zu Testosteron. Die genetisch als Mädchen angelegten Kinder kommen mit einem äußerlich männlichen Genitale zur Welt, und weil nicht gleich ersichtlich ist, dass die kleinen Hodensäcke in Wirklichkeit äußere Schamlippen sind, der Penis eine groß gewachsene Klitoris und sich im Körperinneren die Anlagen von Uterus und Eierstöcken befinden, wird das Kind häufig vorerst als Junge aufgezogen. Erst in der Pubertät manifestiert sich dann der Irrtum, denn statt des erwarteten Bartwuchses wachsen Brüste.

Gänzlich anders als bei den „Penis-mit-12"-Mädchen wird diese Veränderung aber selten positiv aufgenommen. Die vermeintlichen Jungen lassen sich irritiert die störenden Brüste chirurgisch entfernen und halten in der Mehrzahl an ihrer männlichen Geschlechterrolle fest.[139] John Money wird heute vorgeworfen, die Verstümmelung von Genitalien verschuldet und dadurch zum Leid und Unglück vieler Menschen beigetragen zu haben.

Die US-amerikanische Biologin Anne Fausto-Sterling hat in ihrem Buch „Gefangene des Geschlechts" die beiden gegenteiligen Thesen einander gegenübergestellt und einen hochinteressanten Unterschied zwischen den untersuchten Gruppen von Jugendlichen bemerkt. Die vermeintlichen Mädchen kamen in einem kleinen Dorf der Insel zur Welt, wo die Erbkrankheit so häufig auftrat, dass viele der Betroffenen, deren äußeres Genitale bei der Geburt offenbar auch nicht wirklich unauffällig war, bereits mit der Aussicht aufgezogen wurden, dass sie eventuell zu Jungen werden könnten. In Salinas ein Junge zu sein, bringt viele Vorteile. Während Mädchen restriktiv angehalten werden, daheim zu bleiben, Hausarbeit zu erledigen und sexuell enthaltsam zu sein, dürfen Jungen ausgehen, Freunde treffen und sexuelle Erfahrungen machen, so viel sie wollen. Unter diesen Aspekten kann ein Wandel des Geschlechts von der Frau zum Mann wie ein Befreiungsschlag aufgenommen werden.

Anders die Jungen in John Moneys Studie. Diese wurden komplett überrumpelt von wachsenden Brüsten in der Pubertät. Sie waren in keiner Weise durch ihr soziales Umfeld auf mögliche Umstürze ihres Weltbildes in der Adoleszenz vorbereitet.[140] Der Vor- oder Nachteil, in unserer Gesellschaft Mann oder Frau zu sein, soll an dieser Stelle nicht kommentiert werden.

Lebhaft habe ich meinen eigenen kindlichen Wunsch in Erinnerung, ein Junge zu sein. Ich wählte selbst einen männlichen Vornamen, schrieb Abenteuergeschichten, die im Wilden Westen spielten, wo ich meiner Person eine männliche Hauptrolle zudachte, die mit dem Colt umgehen konnte und im

Sattel zu Hause war. Die soziale Achtung, die den Männern in der Gesellschaft meiner Jugendzeit, aber auch in Büchern und Filmen entgegengebracht wurde, stand mir wohl vor Augen, war doch Pippi Langstrumpf das einzige weibliche Wesen, mit dem ich mich hätte identifizieren wollen. Deutlich erinnere ich mich noch an die Verzweiflung, als die Pubertät über mich kam und mein Körper begann, meine wahre Geschlechtsidentität preiszugeben, gleichzeitig aber auch an den klärenden, um nicht zu sagen bereinigenden Effekt, den dieser Vorgang hatte. Fortan bestand kein Zweifel mehr und – gewollt oder ungewollt – fühlte ich mich hernach als Frau.

Wer definiert Geschlechterrollen?

Biologie oder Gesellschaft? Wer definiert nun die Geschlechterrollen? Dieser Frage widmeten sich in jahrzehntelanger akribischer Forschertätigkeit der renommierte Anthropologe Lionel Tiger von der Rutgers University in New York und sein Kollege Joseph Shepher. Sie erforschten die Kibbuzim in Israel, kollektive landwirtschaftliche Betriebe unterschiedlicher Größe, gegründet in den 1920er Jahren, die in vielerlei Hinsicht kongeniale sozialanthropologische Feldforschung ermöglichten.[141] Die Kibbuzniks, also die Bewohner eines Kibbuz, verzichteten nicht nur auf jeglichen Privatbesitz und stellten ihre Arbeitskraft unentgeltlich der Gemeinschaft zu Verfügung, sie versuchten auch, den Kindern eine egalitäre Erziehung angedeihen zu lassen, damit soziale Ungerechtigkeit gar nicht erst aufkommen konnte. Zunächst war es gar nicht das Ziel, Geschlechterrollen und Geschlechtsunterschiede zu unterdrücken und zu nivellieren. Dies ergab sich eher zufällig im Zuge der allgemeinen Gleichbehandlung.

Das soziale Experiment der Kibbuz-Bewegung, wenngleich doch auch beachtliche wirtschaftliche Erfolge zustande kamen, scheiterte an vielerlei teils unerwartetem Widerstand. So waren die Eltern, vor allem aber die Mütter, unglücklich darüber, dass die Kinder auch in der Nacht nicht daheim sein durften. Die Mütter waren es auch, die auf Arbeitspausen für „Liebesstunden" bestanden, in denen sie ihre Kinder in den Gemeinschaftshäusern besuchen konnten. Die Frauen waren es schließlich auch, welche die Familie wieder einführten. Ursprünglich hatte man den Versuch gestartet, Ehepaare nicht zusammen leben zu lassen, ihnen lediglich für den Sex „Séparées" zur Verfügung zu stellen. Unter dem Druck der Frauen wurde wieder eine Art Kernfamilie zugelassen, die „Primärgruppe". Doch nicht nur Frauen ließen sich aus ihren angestammten Kompetenzbereichen als Mutter und (Ehe-)Frau nicht verdrängen. Auch die Kinder meuterten.

Als Kinder unter zehn Jahren ließen sich Mädchen und Jungen noch relativ problemlos von den gemeinsamen Erziehern in derselben Weise behandeln, trugen gleiche Uniformen, bewältigten dieselben schulischen Aufgaben und schliefen in denselben Unterkünften. Anders als ihre Eltern waren sie mit dem Dogma der Gleichheit aufgezogen worden, damit akzeptierten sie vieles als selbstverständlich, das der älteren Generation noch revolutionär und außergewöhnlich erschienen war. Um den zehnten Geburtstag allerdings begannen die Mädchen sich jedoch gemeinschaftlich und ohne jeden Einfluss von außen aufzulehnen. Stein des Anstoßes waren die gemeinsamen Duschen. Der Druck der Mädchen zwang die Erzieher, zunächst bezüglich der sanitären Einrichtungen eine räumliche Trennung der Geschlechter anzudenken. Doch auch die Jungen dieses Alters zogen es vor, sich vom anderen Geschlecht zu distanzieren. Die egalitäre Erziehung wurde durch die gegenseitige Ablehnung zunehmend erschwert – bis dann um das 15. Lebensjahr wie von Zauberhand der Bann gebrochen schien und das Interesse am anderen Geschlecht wieder erwachte, dann allerdings mit ganz anderen Vorzeichen.

Mädchen und Jungen, denen es trotz ihres Widerstandes nicht erlaubt wurde, diese Jahre getrennt voneinander zu verbringen, vermieden später die Heirat untereinander. In der Tat brachten diese gemeinsam aufgezogenen Kindergruppen nicht ein einziges Paar hervor. Mit einer Ausnahme: Das Mädchen war früh ausgeschieden, der Junge spät dazugekommen. Sie hatten in der Tat nur sehr kurze Zeit miteinander gelebt. Mädchen und Jungen, die gemeinsam aufwachsen, lehnen einander aus einem sehr naheliegenden biologischen Grund ab. Die Verhaltensforschung spricht von der angeborenen Inzesthemmung. Auf diese Weise vermeidet die Natur sexuelle Anziehung unter Geschwistern, was beim potentiellen Nachwuchs durch die genetische Verwandtschaft zu gravierenden Missbildungen führen kann.

Je mehr versucht wird, absichtsvoll oder unbeabsichtigt biologische Geschlechtsunterschiede zu nivellieren und zu unterdrücken, umso hartnäckiger scheinen sich diese immer wieder einen Weg zu bahnen. Nach der Pubertät bestanden junge Kibbuz-Frauen darauf, sich schmücken und schön machen zu dürfen, mit derartigem Nachdruck, dass auch diesem Wunsch nach Ungleichheit schließlich stattgegeben werden musste. Golda Meir, die spätere israelische Premierministerin, schreibt über ihre Erfahrungen als Mitglied in einem Kibbuz: Sie habe Tadel dafür erhalten, dass sie den Tisch mit einem weißen Tuch deckte und Blumen daraufstellte. Dennoch habe sie darauf bestanden, das sei Ausdruck ihrer Persönlichkeit gewesen.[142]

Lionel Tiger und Joseph Shepher konnten sogar eine Rückkehr der zweiten und dritten Kibbuzgenerationen zu traditionellen Rollenaufteilungen in der Berufswelt feststellen.

Michal Palgi, Leiter des Institutes für Kibbuzforschung und die Kooperative Idee der Universität Haifa, Israel, bestätigte in seiner jüngsten Studie, „100 Jahre Kibbuz", sogar eine gravierende Wende hin zu geschlechtsspezifischen Berufen. In einem von ihm untersuchten Kibbuz fanden sich in der

Kinderbetreuung 28 Frauen gegenüber sechs Männern, während bei den landwirtschaftlichen Berufen 28 Männer vier Frauen gegenüberstanden.[143]

In seinem Buch „Experimente des Lebens" schreibt der deutsche Wissenschaftsjournalist Dieter E. Zimmer, dass es schon frühzeitig in der Entwicklungsphase der Kibbuzim in Israel als Verschwendung angesehen wurde, männliche Körperkraft, welche in der Landwirtschaft dringend benötigt wurde, bei der Beaufsichtigung und Erziehung von Kindern zu vergeuden.[144]

Was stimmt denn nun? Sind Geschlechterrollen notgeboren aus gesellschaftlichen Zwängen, oder fühlen sich Männer und Frauen aus natürlichem Antrieb zu unterschiedlichen Verhaltensweisen und sogar Tätigkeiten hingezogen? Ist der Wunsch nach Gleichheit eine Utopie und läuft bestenfalls auf die Gleichbehandlung von Ungleichheit hinaus? Und warum haben wir solche Angst davor, nicht gleich zu sein? Bedeutet Ungleichheit automatisch, nicht gleichwertig zu sein?

Showdown

Am Anfang war das Wort

Der alte, ausgemergelte Bettler traut seinen tränenden roten Augen unter dem zerlumpten Kopfverband nicht, welcher notdürftig die garstigen, stinkenden Eiterbeulen abdeckt, die Stirn und Nasenwurzel verunzieren. Die Lepra frisst ihn, und mit jedem verlorenen Fingerglied nimmt der Gestank der Schwären zu, selbst die anderen Bettler vor der staubigen Stadtmauer meiden ihn. Niemand möchte ihm nahe sein. Sogar die Almosen werden ihm von weither zugeworfen. Doch hier kommt einer auf ihn zu. Ein Nobler muss das sein, das Gewand ist aus einem Stück Stoff gearbeitet, streift sacht durch den Staub. Nicht nur, dass er immer näher kommt, nun streckt er seine Hände aus. Will man Spott mit ihm treiben? Als sei er nicht hart genug bestraft! Schon will er sich ducken vor einem vermeintlichen Schlag, doch dann sieht er in das Gesicht des Mannes. Es ist voller Güte – und von großem Adel. Sanft ergreifen die Hände die seinen. Der Bettler kann es kaum glauben, so lange schon hat ihn keines Menschen Hand mehr so freundlich angefasst.

Die Begleiter des feinen Herrn sind in einiger Entfernung stehengeblieben, sichtlich angewidert von seiner Erscheinung und dem Gestank, der sein fortwährender Begleiter ist. „Herr", ruft der eine, „lasst uns gehen, verschwendet Eure Zeit nicht mit diesem Lumpenpack." Ein leichter Schatten huscht über die noble Braue des feinen Herrn und irritiert wendet er sich an seine Begleitung. „Dieser Mann hier ist mein Bruder, genauso wie jeder von euch auch mein Bruder ist. Ich möchte, dass ihr ihm zu essen gebt und auch einen Schluck Wein, damit er den Staub der Straße aus seiner Kehle spülen kann." Zögernd kommen die feinen Herren diesem Wunsch nach. Der eine gibt ihm einen Laib Brot – einen ganzen Laib Brot! Und der andere reicht ihm einen Lederschlauch, überlässt ihm diesen. Der Duft, der aus ihm aufsteigt, lässt keinen Zweifel über den Inhalt. Während der ausgehungerte und durstige Bettler gierig die Backen mit Brotstücken vollstopft und darauf wartet, dass der nachgespülte Wein diese aufweicht – Zähne besitzt er nicht mehr allzu viele –, sind die anderen Bettler nähergerückt, hoffend auf einen Anteil an dem Festschmaus. Versonnen blickt der Leprakranke der sich nun entfernenden Gruppe feiner Herren nach. „Wer war denn das?", fragt er an das Lumpenvolk gewandt und verteilt dabei gedankenverloren Brotkrumen in ausgestreckte Hände. „Ja, kennst du ihn denn nicht?", fragt einer der Bettler in Höhe seines Knies. Beide Beine fehlen ihm, daher hat er etwas länger gebraucht, um sich auch in die Nähe der großzügigen Spende vorzuarbeiten. „Das ist Jesus von Nazareth, König der Juden."

Was unterscheidet den Menschen denn tatsächlich vom Tier? Wir sind gewiss sehr weit entfernt davon, die Krone der Schöpfung zu sein. Charles Darwin, der berühmte britische Gelehrte, hat in seinem Buch „The Origin of Species" 1859 den Menschen mitten ins Tierreich gestellt, wenngleich vorerst nur in einem Nachsatz: „Und Licht wird fallen auf die Entstehung des Menschen …" Mein Vater Rupert Riedl, Meeresbiologe und Erkenntnistheoretiker, konnte gut 100 Jahre später die Entstehung des menschlichen Geistes als Abbild der Natur erklären.[145] Heute wissen wir, dass wir Selbsterkenntnis, abstrakte Denkleistungen und sogar die Handhabung von Sprache mit unseren nächsten Verwandten im Primatenreich teilen. Eines jedoch hebt uns Menschen dennoch aus dem Tierreich heraus: Die Rinderherde steht und glotzt blöde, als eines der ihren vom Löwenrudel verspeist wird. Die Flanken fliegen noch, eben ist jeder um sein Leben gerannt. Denn wenn sich die Löwinnen formieren, kann es jeden treffen, da rettet sich besser, wer kann. Nun allerdings ist die Gefahr gebannt, in Ruhe kann nun wieder gegrast werden, denn die Löwen werden eine Weile beschäftigt sein mit Fressen.

Monty Pythons genialer Film „Der Sinn des Lebens" beginnt mit Fischen, die in einem Aquarium schwimmen. Sie haben menschliche Gesichter und grüßen einander auch mit erlesener Höflichkeit. „Guten Morgen", „Guten Morgen!" „Oh, seht", ruft plötzlich einer der Menschen-Fische, „Herbie wird gegessen!" Der Zuschauer erkennt, dass das Aquarium in einem Restaurant platziert ist, die Fische darin sind offenbar für den Speiseplan vorgesehen. Unruhe unter den Menschen-Fischen? Weit gefehlt. Völlig ungerührt geht man wieder seiner Beschäftigung nach, schwimmt umher und grüßt freundlich: „Guten Morgen!", „Guten Morgen!"

Dies ist nun der springende Punkt: Zu echter Empathie ist nur das menschliche Wesen fähig. Es ist eben nicht egal, ob der Nachbar von Löwen verspeist wird oder für ein skurriles Riesenmenü vorgesehen ist. Da gibt es keine Tagesordnung, solange es anderen Mitgliedern der Gruppe derart schlimm ergeht. Nur der Mensch hat auch einen Sinn für soziale Gerechtigkeit. Zumindest haben wir alle eine Anlage zur Entwicklung echter Empathie mitbekommen.

In der Schimpansengruppe am Gombe-Strom, im Tanzania National Park, die von der berühmten Verhaltensforscherin Jane Goodall jahrzehntelang beobachtet wurde, hielt sich ein mörderisches Affenpärchen auf. Passion und ihre Tochter Pom machten Jagd auf die Babys anderer Mütter. Sie jagten ihnen die kleinen Kinder ab, töteten und fraßen sie. Zu Jane Goodalls Entsetzen erfolgten keinerlei Sanktionen von Seiten der Gruppe. Zwar gab es in der Situation selbst heftige Gegenwehr der betroffenen Mutter, sonst aber schienen wenige Gruppenmitglieder überhaupt Notiz zu nehmen. Passion und Pom wurden nicht aus der Gruppe vertrieben, ja sie waren sogar späterhin auch von jenen Müttern geduldet, deren Kinder sie gefressen hatten.[146]

Am Anfang der Menschwerdung stand wohl nicht das Feuer und auch nicht das Wort, sondern die Empathie. Der Trick der Natur bestand in einer Erweiterung des Mutterinstinktes auf eine flächendeckende Fürsorge für alle Gruppenmitglieder, welche sich späterhin als nahezu beliebig erweiterbar erweisen sollte: auf die gesamte Menschheit und – Tierliebhaber werden mir zustimmen – übertragbar auf jedes beliebige Lebewesen. All unsere Anlagen zu sozialen Wesen wären jedoch nutzlos, wenn wir soziales Verhalten nicht von unseren Eltern und der Gesellschaft, in der wir leben, lernen würden. Somit mag vielleicht doch ziemlich nahe am Anfang auch das Wort gestanden haben.

„Du ärgerst dich jetzt, weil Luki dir den Ball weggenommen hat", erkläre ich meinem zornigen dreijährigen Sohn, der den Delinquenten schon mit den Fäusten angehen will. „Luki hat nicht gewusst, dass du gerade damit spielen wolltest." „Schau mal, Luki, das ist Tommys Ball", sagt nun Sonja, Lukis Mama, „ihr könntet ja zusammen Ballspielen, das ist doch viel lustiger!" Aus der Reaktion der Eltern lernen Kinder zunächst zu verstehen, was in ihnen vorgeht. Die Eltern sind es auch, die bei kleinen Kindern sozial verträgliches Verhalten anleiten und loben. Kleine Bösewichter werden mit Langeweile bestraft, sie dürfen eine Weile nicht mehr mitmachen. So lernt das Kind, dass soziales Verhalten und Rücksichtnahme sich auszahlen, ja dass man selbst einmal in einer Situation der Zurücksetzung oder als Opfer von Ungerechtigkeiten auf die Hilfe von anderen angewiesen sein kann und auf die Unterstützung anderer auch zunehmend zählen darf, je weiter die Sozialisierung, individuell wie gesellschaftlich, fortgeschritten ist.

Gefühle und Begriffe

Um eigene Gefühle einordnen zu können und die von anderen zu verstehen, bedarf es der Begriffe. Ohne Worte gibt es keine Erkenntnis dessen, was vor sich geht, weder dessen, was man „am eigenen Leib erfährt", und schon gar nicht, was in anderen vorgeht. Die Sprache, zu deren Entstehung es zwar viele Theorien gib, die allesamt aber wenig befriedigen, könnte sich nicht zuletzt auch aus diesem Grund entwickelt haben. Ohne die Sprache ist nämlich die Tradierung von Sozialverhalten erschwert, ohne Anleitung entsteht es erst gar nicht, und ohne ihre soziale Einstellung hätte die Spezies Mensch nicht überlebt. Für die Entstehung großer Kulturen war eine hoch entwickelte soziale Einstellung unbedingt erforderlich. Und diese komplexen Systeme können auch nur funktionieren, wenn es unter den Mitgliedern Konsens darüber gibt, wie soziales Verhalten auszusehen hat. Nur dann ist gewährleistet, dass schon die Jüngsten dieses bereits mit der „Muttermilch aufzusaugen" beginnen. Es ist im Alltagsgetriebe einer großen Gesellschaft von entscheidender Bedeutung, dass man sich darauf verlassen kann, dass ein erwachsener Mitmensch in bestimmten Situationen ein berechenbares Verhalten an den Tag legen wird.

Frauen waren im Laufe der Stammesgeschichte, mehr als Männer, verantwortlich für das reibungslose Funktionieren des Vorgangs der Sozialisierung. Bis vor zwei Generationen war es in unserer Gesellschaft noch üblich, dass der Frau nahezu alleine die Kindererziehung überlassen war. Die Grundlagen der Entwicklung zu einem gut funktionierenden, sozial verträglichen und emotional stabilen Menschen lagen fast ausschließlich in weiblicher Hand.[147] Dabei waren die Vorgänge nicht Gegenstand wissenschaftlichen Interesses, weil sie so alltäglich zu beobachten waren wie die Szene, bei welcher die beiden Jungen um den Ball stritten. Niemand hätte damals auf dem Spielplatz davon Notiz genommen, denn rundum liefen zeitgleich ähnliche Situationen ab. Es gab deren Tausende.

Morgens bis abends, in allen Alltagssituationen, ständig wurden Anregung und Erklärung geboten, Mitgefühl geweckt („Steig' nicht auf den armen Käfer, der ist gerade auf dem Weg nach Hause zu seiner Familie!"), Teilen angeregt („Ich glaube, Moni würde sich sehr freuen, wenn du ihr auch ein Stück Schokolade anbietest.") und Trost gespendet („Die Kathrin weint, frag' sie mal, was passiert ist."). Dabei ist es durchaus möglich, dass Jungen diesbezüglich etwas mehr Anregung brauchen als Mädchen, die aufgrund ihrer weiblichen Ausstattung leichter mit Emotionen umgehen können als Jungen. Lernen müssen es dennoch beide.

In der Unterstufe des Gymnasiums kam meine Tochter Isabella eines Tages empört von der Schule heim und erzählte, dass ein dunkelhäutiger Schulkamerad von einem Mitschüler als „Schokobanane" beschimpft worden war. Ich fragte vorsichtig nach, ob sie sich eingemischt habe. Sie hatte. „Ich habe den Burschen gefragt, ob er es auch so lustig fände, wenn ich ihn ‚hässliche Weißwurst' nennen würde." Mit einem ähnlichen Problem kam auch mein Sohn Tommy nach Hause. „Der Peter hat keinen einzigen Freund in der Klasse!" Peters Familie kam aus Ungarn und konnte nicht perfekt Deutsch sprechen. „Dann sei du sein Freund", riet ich Tommy, „dann hat er einen." Peti und Tommy waren fortan unzertrennlich, noch lange über die Volksschule hinaus. Tommy, selbst ein beliebtes Kind, entwickelte daraufhin einen Röntgenblick für benachteiligte Jungen in seiner Umgebung, musste jedoch feststellen, dass dies auch manchmal ausgenutzt wurde. Kaum hatte er einem weniger beliebten Mitschüler in die Gemeinschaft verholfen, kam es vor, dass er von eben diesem Jungen zurückgestoßen wurde.

Soziales Verhalten ist nicht leicht zu erlernen, setzt es doch das Zurückstecken eigener Interessen voraus und erfordert nicht selten auch Durchsetzungsvermögen gegen Gleichaltrige, die anderer Meinung sind, was nicht selten mit Ächtung der eigenen Person bestraft wird. Der Rückhalt zumindest einer engagierten Hauptbezugsperson ist daher unerlässlich. Das Fehlen der Väter in der Erziehung vieler Generationen mag einen Anteil an der vergleichsweise stärkeren emotionalen Verarmung der Jungen haben. Emotionale Verarmung ist jedoch derzeit auch bei Mädchen im Vormarsch.

Eine Studie über das österreichische Wählerverhalten konnte zeigen, dass die am meisten rechtsgerichtete und am wenigsten soziale Partei vor allem den männlichen Wähler anspricht. Seit Mitte der 1990er Jahre wählt ein Drittel der männlichen Wähler, aber nur ein Fünftel der weiblichen Wählerinnen die extreme Rechte. Ginge es nach den Männern alleine, wäre die Rechtspartei an zweiter Stelle. Die besonders sozial eingestellte, extrem links gerichtete Partei hingegen erfreut sich des besonderen Zuspruchs der Wählerinnen.

Wenn Frauen und Männer 1995 in Österreich ihre jeweils eigenen Parlamente zu wählen gehabt hätten, sähen diese ziemlich unterschiedlich aus: In einer nur von Frauen gewählten Volksvertretung brächten es SPÖ, LIF (Liberales Forum) und Grüne zusammen auf 99 Mandate, es käme also fiktiv eine „Ampel"-Mehrheit von knapp 54 % zustande. Im Männerparlament gäbe es dagegen eine schwarz-blaue Majorität von 102 Mandaten, also fast 56 %.[148]

Soziale Inhalte sprechen Frauen offenbar deutlich mehr an als Männer. Dies gilt vor allem für die erwachsene Wählerschaft. Bei den ganz jungen Wählern hat sich ein gravierender Ruck hin zu rechtspopulistischen, wenig sozial eingestellten Parteien ergeben. 40 % der jungen Männer können sozialem Engagement nicht mehr viel abgewinnen, doch die jungen Damen ziehen mit immerhin 30 % bereits nach. Linksgerichtete Parteien können mit ihrem Programm für soziale Integration hingegen kaum mehr punkten, lediglich 8 % der jungen

Wähler teilen ihr Engagement. Wer kauft unseren Jugendlichen den emotionalen Schneid ab?

Eine elternlose Gesellschaft?

So wichtig die Frauenbewegung für die Modernisierung der Rolle und das neue Selbstverständnis der Frau auch war, sie hat es verabsäumt, mit den traditionellen Geschlechterrollen auch das gesellschaftliche Wertesystem zu hinterfragen. Dies ist nämlich nach wie vor ein genuin patriarchalisches. Frauen konnten wohl inzwischen beweisen, dass sie in der Berufswelt ebenso leistungsfähig und „tough" sein können wie Männer. Aber das Streben nach Macht und Geld als höchstes Wertesystem blieben unangetastet. Die bisher nach altem Rollenverständnis als „weiblich" etikettierten Tätigkeiten, wie die Sorge um die Familie und Erziehung der Kinder, erfuhren keine Neubewertung. Sie wurden als ehemalige Domäne der „Hausfrau und Mutter" verächtlich gemacht – mit dem Effekt, dass weder Frauen noch Männer sich ihrer annehmen wollten. Die Kindererziehung begann demnach zu verwaisen.

Die moderne Familie versteht sich als ein Paar Doppelverdiener, das ausreichend Geld nach Hause schafft, um dem Nachwuchs neben zahllosen materiellen Gütern und Freizeitgestaltungen auch bezahlte (Fremd-)Betreuung zukommen zu lassen. Aus der vaterlosen ist eine elternlose Gesellschaft geworden. Die Rechnung wurde prompt präsentiert. Das Sozialverhalten der Sprösslinge entwickelte sich nicht mehr erwartungsgemäß, ließ – gelinde gesagt – zu wünschen übrig. In den Grundschulen tauchten immer mehr Kinder auf, die von Sozialisierung völlig unberührt erschienen. Sie konnten weder stillsitzen noch mochten sie einen Stift halten, kannten keinen Triebverzicht und keine Autorität und nur schwer ertrugen sie es, nicht unausgesetzt im Zentrum des allgemeinen Interesses zu stehen. Die Eltern wurden daheim ihrer schon lange nicht mehr Herr, und die allgemeine Hoffnung verlagerte sich auf die erzieherische Wirkung der Schule. Die Volksschullehrer-Innen sahen sich zunehmend mit disziplinären Maßnahmen befasst, wodurch die ursprünglichen Aufgaben der Grundschule, den Kindern Lesen, Schreiben und Rechnen beizubringen, immer schwieriger durchführbar wurden.

Infolge befand sich bald der funktionale Analphabetismus im Vormarsch, und der Grundschule entwuchsen emotional verwirrte Jugendliche, denen aufgrund von sprachlicher Verarmung immer weniger Ausdrucksmöglichkeiten und soziale Kompetenzen zur Verfügung standen für gewaltlose, verbale Konflikt- und Stressbewältigung. Schließlich scheiterten sie an simpelsten intellektuellen und sozialen Aufgaben, die weit unter ihrem ursprünglichen Begabungsniveau lagen.

Kein Ausweg aus diesem Dilemma? Basierend auf der Erkenntnis grundlegendster Bedürfnisse und der biologischen Ausstattung unserer Art muss eine radikale Trendwende erfolgen. Die Bedürfnisse von Kindern und Jugendlichen sind stammesgeschichtlich uralt und dementsprechend festgeschrieben wie die Zehn Gebote in der Bibel: Kleine Traglinge wollen nicht weggelegt werden, Kinder zwischen sechs Monaten und drei Jahren brauchen zumindest eine verlässliche Hauptbezugsperson, die für das Erlernen sozial verträglichen Verhaltens unerlässlich ist. Darüber hinaus ist das Vorbild beider Eltern für eine gesunde Entwicklung von Jungen und Mädchen unbedingt erforderlich, und ab dem dritten Geburtstag bedarf es der zusätzlichen Anleitung durch die sogenannten „signifikanten Anderen".[149] Das Kind braucht Rollenvorbilder für die Entwicklung seiner sekundären Persönlichkeit. Kinder formen auf der Basis von Eigenschaften der von ihnen erwählten Vorbilder ein zweites Ich, das später in der Lage sein wird, die ursprüngliche Primärpersönlichkeit, das Kleinkind in uns, im Zaum zu halten, auch wenn dieses jedem von uns im Grund seines Herzens ein Leben lang erhalten bleibt. Die sekundäre Persönlichkeit besitzt, wenn alles gut gelaufen ist, sprich die richtigen Vorbilder ausgewählt wurden, alle sozial verträglichen Eigenschaften, die das Zusammenleben in einer großen, hoch entwickelten Gesellschaft erfordert.

Dabei ist das Geschlecht des Heranwachsenden durchaus von großer Bedeutung. Es hat sich gezeigt, dass strikte klischeehafte Rollenzuweisungen einem verhaltensplastischen Wesen wie dem Menschen ebenso wenig gerecht werden wie bedingungslose Gleichmacherei.

Wie wir gesehen haben, können Männer und Frauen beide sehr gut mit den Anforderungen des Lebens fertigwerden, auch wenn sie oft unterschiedlich an die Problemlösung herangehen. Wir können davon ausgehen, dass beide genügend Rüstzeug mitbekommen haben, um ein Leben in der Gemeinschaft zu meistern. Beide sind adaptiert für Partnerschaft, Elternschaft und soziales Funktionieren, beide sind großer Empathie fähig. Wie sie aber auf ihr jeweiliges Niveau kommen, ist wieder geschlechtsspezifisch verschieden, und daher ist das Wissen um das unterschiedliche Denken und Fühlen und den unterschiedlichen Umgang mit Emotionen von so großer Bedeutung.

Es ist das Desiderat der Stunde, dass Mütter und Väter wieder zu ihren Kindern zurückkehren und ihre Aufgabe als Erziehungsberechtigte wahrnehmen. Kinder brauchen die Anregung beider Elternteile, eben weil Mutter und Vater oft so unterschiedlich mit den Problemen dieser Welt umgehen. Es sollte über das Recht zur Erziehung hinaus dies von den Hauptbezugspersonen eines Kindes auch als eine emotionale Verpflichtung wahrgenommen werden. Aus Sicht der gegenwärtigen Entwicklung der Gesellschaft sollte nachgerade von „Erziehungsverpflichteten" gesprochen werden.

Menschen, Männer wie Frauen, entwickeln sich am besten, wenn sie sich gemäß ihrer Ausstattung entfalten dürfen, in einem liebevoll anleitenden und verständnisvollen Umfeld. Wir befinden uns an einem spannenden Wendepunkt. Wird es gelingen, neue Geschlechterrollen zu definieren, die ausreichend Anreiz bieten, geschlechtstypische Unterschiede zu entwickeln und diese hernach auch leben zu können? Wird die unterschiedliche biologische Ausstattung von Mann und Frau positiv bewertet und als wichtige Ergänzung und notwendige Differenzierung erkannt werden? Wird es gelingen, emotionale Werte wieder zu etablieren und ihnen den Stellenwert einzuräumen, den sie verdienen?

Als Biologin habe ich große Hoffnung, dass sich die kreatürliche Ausstattung des Homo sapiens (des einsichtsfähigen, weisen Menschen) durchsetzen wird. So verschieden Männer und Frauen auch sein mögen, Mutter Natur hat sie für ein Leben miteinander vorgesehen und ihnen daher Instrumentarien mitgegeben, auf sehr effektive und lebensbejahende Weise damit umzugehen. So bin ich sicher, dass wir es schaffen werden, mit Hilfe von Wertschätzung unserer angeborenen Gegensätze einander mit Stolz als Frauen und Männer zu begegnen.

ANMERKUNGEN UND QUELLEN

1   BURROUGHS, Edgar Rice, 1914: Tarzan of the Apes. A. C. McClurg.

2   HERNEGGER, Rudolf, 1982: Psychologische Anthropologie. Von der Verprogrammierung zur Selbststeuerung. Beltz.

3   WATZLAWICK, Paul, 1983: Anleitung zum Unglücklichsein. Piper.

4   RETT, Andreas und SEIDLER, Horst, 1981: Das hirngeschädigte Kind. Jugend und Volk.

5   Dem Film folgt das gleichnamige Buch: RIEDL, Sabina und SCHWEDER, Barbara, 1997: Der kleine Unterschied. Warum Frauen und Männer anders denken und fühlen. Deuticke.

6   GUR, Ruben et al., 1995: Sex Differences in Regional Cerebral Glucose Metabolism During a Resting State. Science Vol. 276, Jan 27, S. 528–531.

7   RESCHER, Brigitte und RAPPELSBERGER, Peter, 1996: EEG Changes in Amplitude and Coherence during a Tactile Test in Females and Males. Journal of Psychophysiology 10, S. 161–172.

8   ERWIN, Roland et al., 1992: Facial Emotion Discrimination: I. Task Construction and Behavioral Findings in Normal Subjects. Psychiatry Research 42, S. 231–240.

9   BARON-COHEN, Simon, 1997: Mindblindness. An essay on autism and theory of mind. Learning, Development and Conceptual change series. MIT-Press.

10 HAUPTMANN, Gerhart, 2010 (1888): Bahnwärter Thiel. Reclam.

11 WILKINSON, Anna et al., 2011: No evidence of contagious yawning in the red-footed tortoise Geochelone carbonaria. Current Zoology (formerly Acta Zoologica Sinica), 57(4): S. 477–484. Der Zoologe Ludwig HUBER hat für diese Arbeit den „Antinobelpreis" für die sinnloseste Studie des Jahres entgegengenommen.

12 SINGER, Tania et al., 2006: Empathic Neural Responses are Modulated by the Perceived Fairness of Others. Nature 439, 26. Jan., S. 466–469.

13 CANLI, Turhan et al., 2002: Sex differences in the neural encoding of emotional experiences. Proceedings of the Natural Academy of Sciences 99 (16), S. 10789–10794.

14 GUR, Ruben et al., 2000: An fMRI study of sex differences in regional activation to a verbal and a spatial task. Brain and Language, 74, S. 157–170.

15 GUR, Ruben C. et al., 2002: Brain Region and sex differences in age association with brain volume: A quantitative MRI study of healthy young adults. American Journal of Geriatric Psychiatry, 10, S. 72–80.

16 RIEDL, Sabina und SCHWEDER, Barbara, 2003: Wie Frauen Männer gegen ihren Willen glücklich machen. Ueberreuter.

17 So hatte meine Dissertation, die ich 1989 an der Uni Wien einreichte, über den Einfluss des Gesichtes auf die Partnerwahl den sperrigen Titel: „Morphologisch-metrische Merkmale des männlichen und weiblichen Partnerleitbildes in ihrer Bedeutung für die Wahl des Ehegatten".

18 Das Thema der damaligen Sendung hieß: „Hilfe, der Mann schrumpft".

19 VINGERHOETS, Guy et al., 2003: Cerebral Hemodynamics During Discrimination of Prosodic and Semantic Emotion in Speech Studied by Transcranial Doppler Ultrasonography. Neuropsychology, Vol. 17, 1, S. 93–99.

20 HARASTY, Jenny et al., 1997: Language associated cortical regions are proportionally larger in the female brain. Arch. of Neurology, Vol. 54, Feb., S. 171–176.

21 BURMAN, Douglas D. et al., 2008: Sex differences in neural processing of language among children. Neuropsychologia, Vol. 46, issue 5, S. 1349–1362.

22 SHAYWITZ, Bennett A. et al., 1995: Sex Differences in the functional organization of the brain for language. Nature, Vol. 373, 16 Feb. (6515), S. 607–609.

23 PERSINGER, Michael A. und RICHARDS, P. M., 1995: Women reconstruct more detail than men in a complex five minute narrative: Implications for right-hemispheric factors in the serial memory effect. Perceptual and Motor Skills, 80, S. 403–410.

24 GOODALL, Jane, 1999: Ein Herz für Schimpansen. Meine 30 Jahre am Gombe-Strom. Rowohlt, S. 60–61.

25 SCHWEDER, Barbara, 2008: Mutterliebe. Ueberreuter.

26 BORUTTA, Manfred und GIESLER, Christiane, 2006: Karriereverläufe von Frauen und Männern in der Altenpflege. Eine sozialpsychologische und systemtheoretische Analyse. Deutscher Universitätsverlag.

27 EIBL-EIBESFELDT, Irenäus, 1970: Liebe und Hass. Zur Naturgeschichte elementarer Verhaltensweisen. Piper.

28 PORTMANN, Adolf, 1956: Zoologie und das neue Bild des Menschen. Rowohlt.

29 MORRIS, Desmond: 1968: Der nackte Affe. Droemer.

30 HASSENSTEIN, Bernhard, 1987: Verhaltensbiologie des Kindes. Piper.

31 VOLAND, Eckart, 2000: Grundriß der Soziobiologie. Spektrum.

32 EULER, Harald A. und WEITZEL, B., 1996: Discriminative grandparental solicitude as reproductive strategy. Human Nature, 7, S. 39–59.

33 VOLAND, Eckart und BEISE, Jan, 2005: Bilanzen des Alters – oder: Was lehren uns ostfriesische Kirchenbücher über die Evolution von Großmüttern? Historical Social Research, Vol. 30 (No. 3), S. 205–218.

34 TIGER, Lionel, 1999: The decline of males. Golden Books.

35 MALINOWSKI, Bronisław, 1966: The father in primitive psychology. WW Norton.

36 GOODALL, Jane, 1991: Wilde Schimpansen. Verhaltensforschung am Gombe-Strom. Reinbek.

37 WAAL, Frans de, 1991: Wilde Diplomaten. Versöhnungs- und Entspannungspolitik bei Affen und Menschen. Hanser.

38 MORRIS, Desmond, 1994: Das Tier Mensch. VGS Verlag.

39 MORRIS, Desmond, 1968: Der nackte Affe. Droemer.

40 EIBL-EIBESFELDT, Irenäus, 1984: Die Biologie des menschlichen Verhaltens. Grundriss des menschlichen Verhaltens. Piper.

41 MOORE, Monica, 1985: Nonverbal courtship patterns in women. Context and consequences. Ethology and Sociobiology, 6, S. 237–247.

42 BRIZENDINE, Louann, 2006: Das weibliche Gehirn. Warum Frauen anders sind als Männer. Goldmann.

43 RIEDL, Sabina und SCHWEDER, Barbara, 2003: Wie Frauen Männer gegen ihren Willen glücklich machen. Ueberreuter.

44 Zitiert nach BADINTER, Elisabeth, 1991: Ich bin Du. Die neue Beziehung zwischen Mann und Frau oder die androgyne Revolution. Piper, S. 98 ff.

45 Zitiert nach LÖFFLER, Konstanze, 2007: Kuscheln statt kicken, 21.5.2007. Focus Magazin.

46 MASONI S., 1994: The couvade syndrome. Journal of psychosomatic obstetrics and gynaecology, 15, 3, September, S. 125–131.

47 „Meine Frau ist schwanger und ich nehme zu – warum eigentlich?", http://www.vaterfreuden.de, aufgerufen am 20.6.2012.

48 BERG, S. J. und WYNNE-EDWARDS, K. E., 2001: Changes in testosterone, cortisol and estradiol levels in men becoming fathers. Mayo Clinic Proc. 76, S. 582–592.

49 ZIEGLER, Toni E. et al., 2006: Pregnancy weight gain: Marmoset and tamarin dads show it too. Biology Letters, June 22, 2 (2), S. 181–183.

50 ZIEGLER, Toni E. et al., 2011: Differential endocrine responses to infant odors in common marmoset (Callithrix jacchus) fathers. Hormones & Behavior. 59: S. 265–270.

51 STOREY, Anne E. et al., 2000: Hormonal correlates of paternal responsiveness in new and expectant fathers. Evolution and human behavior, 21, S. 79–95.

52 KAPFHAMMER, Hans-Peter, 2007: Couvade-Syndrom. Reifungsschritt versus Anpassungsstörung im Übergang zur Vaterschaft. Info Neurologie & Psychiatrie. 5: S. 32–36.

53 BIDDULPH, Steve, 2002: Jungen! Wie sie glücklich heranwachsen. Heyne Verlag.

54 MÖLLER-LEIMKÜHLER, Anne Maria, 2009: Depressionen bei

Frauen über- bei Männern unterdiagnostiziert. Update in Psychiatrie & Psychotherapie. Nr. 22, Oktober, S. 5–6.

55 RUTZ, W. et al., 1996: Prevention of male suicides: Lessons from Gotland Study. Lancet, 345, S. 524.

56 Liste zitiert nach: KOGLER, Alois und KAISER-KAPLANER, Eva: Männer und Depressionen. http://www.psychosomatik.at/uploads/lexikon_pdf/maenner_depression.pdf, aufgerufen am 20.6.2012.

57 KRIEGLER, Alfred, 2006: Ich strebe Lösungen an, mit denen alle gut leben können. Anwalt Aktuell. 6/06, Juni, S. 2–3.

58 FISHER, Helen, 1982: The Sex Contract. William Morrow & Co. Inc.

59 MONYK, Elisabeth, 2007: Lieber alleine oder zu zweit? Die individualistische Lebensweise von Singles und kinderlosen Paaren. LIT Verlag.

60 RIEDL, Sabina und SCHWEDER, Barbara, 2003: Wie Frauen Männer gegen ihren Willen glücklich machen. Ueberreuter.

61 www.österreichischer-frauenlauf.at, aufgerufen am 20.6.2012.

62 FISHER, Helen, 2005: Warum wir lieben. Die Chemie der Leidenschaft. Patmos.

63 SCHWARZER, Alice, 2007: Foltern Frauen wie Männer? Ein genauer Blick auf die Folterfotos von Abu Ghraib und das Militär wirft viel mehr Fragen auf, als bisher gestellt wurden. In: EMMA – Die ersten 30 Jahre, Collection Rolf Heyne, S. 432.

64 KRIEGLER, Alfred, 2007: Scheidungsratgeber für Männer. Linde.

65 MARAZZITI, Donatella et al., 1999: Alteration of the platelet serotonin transporter in romantic love. Psychological Medicine, May, 29 (3), S. 741–745.

66 FISHER, Helen, 2009: Die vier Typen der Liebe. Droemer.

67 RIEDL, Sabina und SCHWEDER, Barbara, 2003: Wie Frauen Männer gegen ihren Willen glücklich machen. Ueberreuter, bes. S. 228 ff.

68 FROMM, Erich, 1989: Die Kunst des Liebens. Ullstein.

69 Unter vielen anderen: McWHIRTER, D. und MATTISON, A. 1985: The Male Couple: How Relationships Develop. Prentice Hall.

70 SCARF, Maggie, 1990: Autonomie und Nähe. Grundkonflikte in der Partnerschaft. Heyne.

71 ZIMMER, Dieter E., 1989: Experimente des Lebens. Über Wilde Kinder, Zwillinge, Kibbuzniks und andere aufschlussreiche Wesen. Haffmans.

72 CURTISS, Susan et al., 1974: The linguisitic development of Genie. Language 50, 3, S. 528–554.

73 SCHWEDER, Barbara, 2008: Mutterliebe. Ueberreuter.

74 BOWLBY, John, 1969: Attachment. Hogart.

75 POSTH, Rüdiger, 2007: Vom Urvertrauen zum Selbstvertrauen. Das Bindungskonzept in der emotionalen und psychosozialen Entwicklung des Kindes, Waxmann Verlag.

76 HASSENSTEIN, Bernhard, 1987: Verhaltensbiologie des Kindes. Piper.

77 HERNEGGER, Rudolf, 1982: Psychologische Anthropologie. Von der Vorprogrammierung zur Selbststeuerung. Beltz.

78 WEINBERG, M. K. und TRONICK, Edward Z. et al., 1999: Gender differences in emotional expressivity and self regulation during early infancy. Developmental Psychology Vol. 35, No.1, S. 175–188.

79 HOFFMANN, Martin, 2000: Empathy and moral development. Implications for caring and justice. Cambridge University Press.

80 FIVUSH, Robyn und NELSON, Katherine, 2010: Culture and language in the emergence of autobiographical memory. Perspectives on Psychological Science. July 1, 5, S. 441–449.

81 GRAMMER, Karl, 1988: Biologische Grundlagen des Sozialverhaltens: Verhaltensforschung in Kindergruppen. Wissenschaftliche Buchgesellschaft.

82 BARON-COHEN, Simon, 2009: Frauen denken anders, Männer auch. Wie das Geschlecht ins Gehirn kommt. Heyne.

83 BARON-COHEN, Simon, 2008: Autism and Asperger Syndrome. The Facts. Oxford University Press.

84 HARLOW, Harry, 1961: The development of affectional patterns in infant monkeys. Determinants of infant behaviour. Methuen.

85 GARDNER, Richard A., 2002: Das elterliche Entfremdungssyndrom (Parental Alienation Syndrome, PAS): Anregungen für gerichtliche Sorge- und Umgangsregelungen. Eine empirische Untersuchung. VWB Verlag für Wissenschaft und Bildung..

86 LEMBERGER, Anni: „PAS. Parent Alienation Syndrome. Eine Literaturstudie mit Fallbeispielen." Verein Vaterverbot, www. vaterverbot.at, aufgerufen am 20.6.2012.

87 HÖVEL, Gabriele ten, 2003: Liebe Mama, böser Papa: Eltern-Kind-Entfremdung nach Trennung und Scheidung: Das PAS-Syndrom. Kösel Verlag.

88 FÖRSER, Kerstin, 2004: Hinter der Fassade ...: Wie werden Interessen von Kindern in Deutschland tatsächlich gewahrt? Athelas-Verlag.

89 HARBORT, Stephan: Die Mörderin – Vom Wesen weiblicher Tötungsdelinquenz, http://www.der-serienmoerder.de/pdfs, aufgerufen am 20.06.2012.

90 HARBORT, Stephan, 2008: Wenn Frauen morden. Spektakuläre Kriminalfälle – Vom Gattenmord bis zur Serientötung. Eichborn.

91 DALY, Martin und WILSON, Margo, 1984: Sex, Evolution and Behavior. Cambridge University Press.

92 BUSS, David, 1989: Sex differences in human mate preference: Evolutionary hypotheses tested in 37 cultures. Behavioral and Brain Sciences, 12, S. 1–49.

93 BUSS, David, 2005: The murderer next door. Why the mind is designed to kill. Penguin.

94 POLK, Kenneth, 2003: Masculinities, femininities and homicide: Competing explanation for male violence, Controversies in Critical Criminology. Anderson Publishing, S. 133–146.

95 KELLEHER, Michael D. und KELLEHER, C. L., 1998: Murder most rare: The female serial killer. Praeger.

96 BUSS, David, 2005: Der Mord steckt in uns. In: Der Spiegel, 29.8.2005.

97 VOLAND Eckhart, 1993: Grundriss der Soziobiologie. UTB (Kapitel über Infantizid vgl. S. 151 ff.).

98 SCHWEDER, Barbara, 2008: Mutterliebe. Ueberreuter.

99 MARSHALL THOMAS, Elizabeth, 1959: The harmless people. Alfred A. Knopf.

100 BROWNE, Angela, 1987: When Battered Women Kill. The Free Press.

101 FULDAUER, Alice, 1998: Fatale Liebe. Mord und Totschlag in der Partnerschaft. Piper.

102 Säkulare Akzeleration bezeichnet die Tatsache, dass Menschen in den letzten Jahrzehnten immer größer werden – offenbar unabhängig vom Genom der Eltern, aufgrund optimaler Ernährungsbedingungen.

103 Laut Pensionsversicherungsanstalt (PVA) machten 2010 44,5 % der für arbeitsunfähig erklärten Angestellten psychische Erkrankungen geltend. Seit den 1990er Jahren hat sich die Anzahl der Neuzugänge in die Invaliditätspension aufgrund psychischer Erkrankungen fast verdreifacht.

104 LALOUSCHEK, Wolfgang, 2011: Burnout Manual. Für Klinik und Praxis. Verlagshaus der Ärzte.

105 HAMANN, Stephan, 2005: Sex difference in the responses of human amygdala. Neuroscientist 11 (4), S. 288–293.

106 KILPATRICK, L. A. et al., 2005: Sex related differences in amygdala functional connecotivity during resting conditions. Neurolmage, Vol. 30. Issue 2, April 1, S. 452–461.

107 TAYLOR, Shelley et al., 2000: Biobehavioral Responses to Stress in Females: Tend-and-Befriend, not Fight-or-Flight. Psychological Review, Vol. 107, No 3, S. 411–429.

108 DEANE, R. et al., 2002: Differences in urinary stress hormones in male and female nurses at different ages. Journal of advanced nursing (UK), 37 (3), S. 304–310.

109 STANSFELD, S. A. et al., 2002: Psychological stress as a risk factor for coronary heart disease in the Whitehall II study. International Journal of Epidemiology. 31 (1), February 1, S. 248–255.

110 KARASEK, Robert und THEORELL, Töres, 1990: Job Demand Control Modell.

111 Zitiert nach BIEGEL, Tobias: Berufliche Laufbahn und Lebenserwartung. http://archiv.ub.uni-marburg.de/diss/z2004/0294/pdf/dtb.pdf, S. 17, aufgerufen am 20.6.2012.

112 WEMME, Magnus und ROSVALL, Maria, 2005: Work related and non-work related stress in relation to low leisure time physical activity in a Swedish population. Journal of epidemiology and community health. 59, 5, S. 377–379.

113 LALOUSCHEK, Wolfgang, 2007: Burnout – Wie Mann und Frau ausbrennen. MMA CliniCum, S. 7–8.

114 FABACH, Sabine, 2007: Burnout – Wenn Frauen über ihre Grenzen gehen. Orell Füssli.

115 Der Begriff „Trophy Mate" für eine Frau, die sehr begehrt und schwer zu bekommen ist, stammt von KENRICK, D. T. et al., 1996: Power Harassment and Trophy Mates: The feminist advantage of an evolutionary perspective. In: BUSS, David and MALAMUTH, Neil (Eds.), 1996: Sex, Power, Conflict: Evolutionary and Feminist Perspectives. Oxford University Press.

116 WEISFELD, Glenn E., et al., 1992: Correlates of satisfaction in British marriages. Ethology and Sociobiology, S. 125–145.

117 SIGALL, H. and LANDY, D., 1973: Radiating beauty: Effects of having a physical attractive partner on person perception. Journal of Personality and Social Psychology, 28, S. 218–224.

118 TRACY, Jessica und BEALL, Alec, 2011: Emotion: Happy guys finish last – The impact of emotion expression on sexual selection. American Psychological Association Online Edition.

119 URBANIAK, Geoffrey C. und KILMANN, Peter R., 2003: Physical attractiveness and the „Nice guy paradox": Do nice guys really finish last? Sex Roles, 49, 9–10, S. 413–426.

120 DOMIG, Arthur, 5.4.2002: Heilige und Hure – Über den Männertraum von der idealen christlichen Ehefrau. FAMILY. Zitiert nach www.jesus.ch, aufgerufen am 20.6.2012.

121 Der Soziobiologe Richard DAWKINS lässt sich aus über den negativistischen Gesichtsausdruck und den Rundrücken der

Matrone, welcher die postmenopausale Frau seiner Meinung nach charakterisiert: Zitiert nach DALY, Martin und WILSON, Margo,1983: Sex Evolution and Behavior. Willard Grant Press.

122 NEISS, Michelle B. et al., 2009: Age difference in perception and awareness of emotion. Neurobiol. Aging August 30 (8), S. 1305–1313.

123 PLAGNOL, Anke und EASTERLIN, Richard, 2008: Aspiration, attainments and satisfaction: Life cycle differences between American women and men. Journal of Happiness Studies, Vol. 9, No 4, S. 601–619.

124 SCHWEDER, Barbara, 2008: Mutterliebe. Ueberreuter.

125 EULER, Harald A. und WEITZEL, B., 1996: Discriminative grandparental solicitude as reproductive strategy. Human Nature, 7, S. 39–59.

126 DINKEL, R. H. und LUY, M., 1999: Natur oder Verhalten? Ein Beitrag zur Erklärung der männlichen Übersterblichkeit durch einen Vergleich von Kloster- und Allgemeinbevölkerung. Zeitschrift für Bevölkerungswissenschaften, 24, S. 5105–5132.

127 COFFEY, C. Edward et al., 1998: Sex differences in brain aging: A quantitative magnetic resonance imaging study. Arch Neurol 55: S. 169–179.

128 COWELL, P. E. et al., 2007: Effects of sex and age on regional prefrontal brain volume in two human cohorts, European Journal of Neuroscience, 25(1): S. 307–318.

129 GUR, Ruben C. et al., 1980: Differences in the distribution of gray and white matter in human cerebral hemispheres. Science 207: S. 1226–1228.

130 GUR, Ruben C. et al., 1991: Gender differences in age effect on brain atrophy measured by magnetic resonance imaging. Proceedings of the National Academy of Sciences of the USA 88: S. 2845–2849.

131 KIMURA, Doreen, 1995: Estrogene replacement therapy may protect against intellectual decline in postmenopausal women. Hormones and Behavior, 29, S. 312–321.

132 RIEDL, Sabina und SCHWEDER, Barbara, 1997: Der kleine Unterschied. Warum Frauen und Männer anders denken und fühlen. Deuticke, S. 54 ff.

133 HAMMER, Eckart, 2007: Männer altern anders. Eine Gebrauchs-
anweisung. Herder. (Die Debatte um ein mögliches Missbrauchs-
risiko soll an dieser Stelle außen vor bleiben.)

134 RIEDL, Sabina und SCHWEDER, Barbara, 1997: Der kleine
Unterschied. Warum Frauen und Männer anders denken und
fühlen. Deuticke.

135 VAN GOOZEN, Stephanie H. M. et al., 1995: Gender differences
in behavior: Activating effects of cross-sex hormones. Psychoendo-
crinology, Vol. 20/4, S. 343–363.

136 KIMURA, Doreen, 1991: Sex differences in cognitive function
vary with the season, Research Bulletin 697, Dept. of Psychology,
Univ. of Western Ontario.

137 Nach einem Artikel in Der Spiegel 28, 6.7.1992, „Große Fanfare".
Arzneimittel. In dem Artikel geht es eigentlich um ein Medika-
ment gegen Prostatabeschwerden.

138 IMPERATO-McGUINLEY, Julianne et al., 1979: Androgenes and
the evolution of male gender identity among male pseudoherma-
phrodites with 5-alpa reductase deficiency. New England Journal
of Medicine 300, S. 1233–1237.

139 MONEY, John und ERHARDT, Anke A., 1972: Man and woman,
boy and girl: Differentiation and dimorphism of gender identity
from conception to maturity. Johns Hopkins University Press.

140 FAUSTO-STERLING, Anne, 1985: Gefangene des Geschlechts?
Was biologische Theorien über Mann und Frau sagen. Piper.

141 TIGER, Lionel und SHEPHER, Joseph, 1975: Women in the
Kibbutz. Harcourt Brace Jovanovich.

142 MEIR, Golda, 1975: Mein Leben. Ullstein.

143 PALGI, Michal, 2002: Emanzipierte Frauen in einer gerechten
Gesellschaft? Die Frauenfrage im Kibbuz. In: FÖLLING, Werner
und FÖLLING-ALBERS, Maria (Hrsg.): Psychosozial 87: Leben
im Kibbutz, Jg. 25, Nr. 87, Heft I. Psychosozial Verlag.

144 ZIMMER, Dieter E., 1989: Experimente des Lebens. Über wilde
Kinder, Zwillinge, Kibbuzniks und andere aufschlussreiche Wesen.
Haffmans.

145 Unter vielen anderen: RIEDL, Rupert, 1981: Biologie der Erkenntnis. Die stammesgeschichtlichen Grundlagen der Vernunft. Paul Parey.

146 GOODALL, Jane, 1991: Wilde Schimpansen. Verhaltensforschung am Gombe-Strom. Reinbek.

147 SCHWEDER, Barbara, 2008: Mutterliebe. Ueberreuter.

148 HOPFINGER, Christoph und OGRIS, Günter, 1996: Achtung gender gap! Geschlecht und Wahlverhalten 1979–1995. In: PLAS-SER, Fritz et al. (Hrsg.): Wahlkampf und Wählerentscheidung. Analysen zur Nationalratswahl 1995 (Schriftenreihe des Zentrums für angewandte Politikforschung, Band 11). Wien, S. 211–232.

149 HASSENSTEIN, Bernhard, 1987: Verhaltensbiologie des Kindes. Piper.